Zu diesem Buch

«Er ist ein Fan ohne Vorbehalt und hat seinem Idol ein halbes Leben geweiht, seit er, 1954, als Achtzehnjähriger zum erstenmal von der Gewalt dieser Stimme gepackt und verzaubert wurde. Nun hat der Schweizer Paul Seiler aus seiner (auch von der Diva bewunderten) Zarah-Leander-Sammlung ein ‹Kultbuch› für alle Mit-Fans gemacht. Gut 130 Fotos, eine hauptsächlich aus Zitaten montierte Star-Biographie und ein Stückchen Fan-Autobiographie, in dem die anrührende Geschichte einer Selbst-Findung steckt: voll Herzklopfen und Emphase, voll Schmerz über den langen Niedergang der Angebeteten als Attraktion für Kaffeefahrten und Tuntenbälle und voll unbeirrbarer Liebe zu der mütterlichen Sünderin, der ‹Ersatzdroge für nicht ausgelebte Gefühle›» («Der Spiegel»).

«Über die reine Dokumenten-Sammlung hinaus hat Paul Seilers ‹Kultbuch› aber doch Bedeutung, weil es eine Ahnung davon gibt, warum diese Frau gerade in ihren späten Jahren noch solchen Erfolg hatte» («tip»).

«Die bislang umfassendste Dokumentation von Aufstieg und Fall des Stars, trotz Engagement keineswegs unkritisch» («Express», Köln).

Paul Seiler, geboren 1936 in der Schweiz, lebt seit 1958 in Berlin. Sein Zarah-Leander-Archiv enthält mehr als 5000 Zeitungsartikel und über 500 Fotografien. Sein vorliegendes Buch ist für ihn so etwas wie ein Abschluß seiner Sammlung, eine Art Abschied von Zarah Leander. Sie starb am 23. Juni 1981 in Stockholm.

Zarah Leander

Ein Kultbuch von
Paul Seiler

rororo

Rowohlt

Veröffentlicht im Rowohlt Taschenbuch Verlag GmbH,
Reinbek bei Hamburg, März 1985
Titel der im Albino Verlag erschienenen Buchausgabe
«Wollt ihr einen Star sehen?»

Umschlagentwurf Werner Rebhuhn
Satz Garamond (Linotron 202)
Gesamtherstellung Clausen & Bosse, Leck
Printed in Germany
1080-ISBN 3 499 15497 8

Inhalt

Ich habe Zarah nie vergessen, daß sie mich nicht vergessen hat

☆

Monolog eines Fans

Ein Traum suchte mich heim im November 1981, Zarah Leander war schon fünf Monate tot, aber sie ließ mir irgendwie keine Ruhe. Von Ferne hörte ich ihre dunkle Stimme:

> ... und muß ich mein irdisches Gastspiel beenden,
> Yes, Sir!
> Sollt ihr euch nicht gleichgültig von mir wenden,
> No, Sir!

Diese Textpassage sang sie schon 1937 in ihrem Film ‹*Zu neuen Ufern*›, aber erst jetzt, nach ihrem Tod, gewannen diese Worte an Bedeutung.

1954 bin ich für Zarah Leander entflammt, seit diesem Jahr habe ich Bilder und Zeitungsausschnitte über ihre Karriere gesammelt. Eine lange Karriere! Eine Karriere, die fast nicht zu Ende gehen wollte. Manchmal wurde ich auch böse, mein Idol wollte und wollte nicht Abschied nehmen, kam immer wieder und ließ uns, die wir sie liebten, teilhaben an einem Altersprozeß, der ansonsten ganz normal, im grellen Scheinwerferlicht aber eine besondere Dimension gewinnt.

Wir waren süchtig nach Zarah, nach ihrem pathetischen Stil, ihren überlebensgroßen Gefühlsausbrüchen, Walkürenauftritten, ihrer dunklen, fast männlichen Stimme. Für viele war sie Vater und Mutter zugleich, sie war auch eine Ersatzdroge für nicht ausgelebte Gefühle. Rosa von Praunheim beschrieb diese Faszination: «Wenn Zarah in ihren Filmen mit Tränen in den Augen ein Lied singt, verletzlich und doch das Unglück meisternd und donnernd dagegen ansingt mit ‹*Kann denn Liebe Sünde sein*›, dann muß man sich einfach hinlegen und sich mit ihr identifizieren.» [1]*

Ich bin in der Schweiz, in Bern aufgewachsen. 1943, ich war damals sieben Jahre alt, kam mein Vater eines Tages zu uns Kindern und sagte ganz aufgeregt, daß jetzt gleich eine Frau mit einer tiefen Stimme im Rundfunk singt. Wir haben uns vor das Radio gesetzt, und da ertönte dann ‹*Ich weiß, es wird einmal ein Wunder geschehn*›. Wir haben andächtig der Stimme gelauscht, und ich kann mich daran erinnern, daß ich eine Gänsehaut bekommen habe und mein Vater meinte damals: «Wenn die singt, dann läuft es einem eiskalt den Rücken hinunter.»

Kurz darauf, nach dem Tod meiner Mutter, bin ich in ein ganz kleines Dorf gekommen. Da wurde nie Radio gehört, da gab es keine Zeitung, kein Kino, kein Theater, nichts. Als ich mit siebzehn wieder nach Bern zurückging, hatte ich viel nachzuholen. Da begann meine Kinophase. Ich bin mindestens einmal pro Woche ins Kino gegangen. Das waren meistens Liebesfilme. Eher zufällig habe ich mir dann den Film ‹*Ave Maria*› angesehen. In der ersten Einstellung sieht man Gläubige in einer Kirche und aus dem off singt eine tiefe, dunkle Stimme das ‹*Ave Maria*›. Es war mir ganz unheimlich, daß ich nicht wußte, wer da singt. Die Kamera fährt dann ganz langsam durch das Kirchenschiff auf die Empore zu, und dort sah ich nach einigen Minuten Zarah Leander. Erst dann begriff ich, daß eine Frau singt. Daß es die Stimme aus dem Radio war, daran habe ich gar nicht gedacht.

Diesen Film hatte Zarah Leander 1953 gedreht. Sie war schon eine reife, mütterliche Frau, und ich war von ihr fasziniert. Sie hat in mir

* Die hochgestellten Ziffern verweisen auf die Anmerkungen S. 202f.

etwas ausgelöst, das war beinahe ein erotisches Gefühl. Ich bin völlig berauscht aus dem Kino gekommen. Das hatte sicher sowohl mit ihrer Rolle als auch mit ihrer Stimme zu tun. Sie spielte, wie so oft, eine Frau, die vom Schicksal geschlagen ist, die irrsinnig viele Widrigkeiten und Demütigungen auf sich nehmen muß, aber alles ganz toll bewältigt. Damit habe ich mich, unbewußt vielleicht, identifiziert.

Ich habe mir den Film einige Male angesehen, und kurz darauf ist im selben Kino ‹*Premiere*› gelaufen, ein sehr früher Film. Zuerst war ich enttäuscht. Das war nicht mehr diese mütterliche Figur, sondern eine relativ junge Frau, die Stimme war noch um einiges höher, und es war eine Revuehandlung. Es brauchte eine bestimmte Zeit, bis ich auch die junge Zarah akzeptieren konnte. Innerhalb eines halben Jahres sah ich vier Zarah Leander-Filme, und da begann auch, was zu einer Sammelleidenschaft wurde. Ich kaufte ihre Schallplatten, lernte ihre Lieder kennen. Dann war sie auf dem Titelbild eines Schweizer Filmmagazins. Kurz darauf las ich in einer deutschen Illustrierten ein Interview. Da habe ich erst wahrgenommen, wie sie privat aussieht, mit Sonnenbrille, daß sie Enkelkinder hat, daß sie Tourneen macht. Meine Informationen wuchsen Stück für Stück.

Diese Interviews, diese Titelbilder, das Filmprogramm, das ich jetzt von ihr besaß, das waren für mich natürlich keine Gegenstände zum Wegwerfen – das waren Reliquien. Die kamen in eine Schublade, und ich schaute mir sie immer wieder an. Da war ich noch nicht mal achtzehn Jahre alt. Mittlerweile hatte ich schon drei Filmprogramme, und da habe ich den Ehrgeiz entwickelt, alle zu besitzen. Ich stöberte in Trödelläden, kaufte in Schreibwarengeschäften ihre Filmpostkarten und begann meine Funde zu archivieren. Ich legte dann sehr schnell ein Album an. Denn in der Schublade bekommen die Sachen leicht Eselsohren. Ich habe mir auch Kartons anfertigen lassen, so groß wie eine Illustrierte, auf die habe ich die Zarah-Titelbilder geklebt.

Vielleicht hätte sich das alles nach ein paar Jahren gegeben. Aber schon ein Jahr später, 1955, hörte ich im Schweizer Rundfunk die Meldung, daß in Luzern ein «Bunter Abend» mit internationalen Stars stattfindet, und plötzlich fiel der Name Zarah Leander. Ich bekam sofort Herzklopfen, und obwohl ich damals furchtbar schüchtern und linkisch war, bin ich zu meinem Chef gegangen und habe einen Tag Urlaub genommen. Ich bin mit dem Zug nach Luzern gefahren und ging abends in die Musikhalle. Ich saß in der siebten Reihe und war schrecklich aufgeregt. Aber das Programm war endlos lang und plötzlich habe ich mir eingebildet, daß ich in einer falschen Vorstellung sitze. Dann nach drei, vier Stunden trat sie endlich auf. Ich werde es nie vergessen. Sie war eine so starke Persönlichkeit auf der Bühne.

Sie trug ein rostbraunes, bodenlanges Kleid, mit Hermelin abgesetzt. Sie sah schön aus, ihre flammenroten Haare, ihre helle Haut. Sie ging zum Mikrofon und begann zu singen. Ich bin erschrocken über diese Stimme. Sie war überhaupt nicht zu vergleichen mit der Filmstimme oder der Schallplattenstimme. Sie war viel rauher, so daß ich zuerst dachte, es stimmte etwas nicht mit den Lautsprechern. Sie hat ja Zeit ihres Lebens nie Mikrofonsingen können. Sie trat immer zu nahe ans Mikrofon. Aber es war trotzdem wahnsinnig schön. Während der ganzen Zeit hatte ich so ein Herzklopfen, daß ich glaubte, meine beiden Halsschlagadern müßten zerspringen. Sie war wirklich der Höhepunkt des Programms, und ich habe geklatscht, bis meine Handflächen weh taten. Zarah kam dann noch mit einem letzten Lied heraus, ‹*Sagt mir nicht Adieu, sagt nur auf Wiedersehen*›. Das hauchte sie ganz zart ins Mikrofon, und dann verschwand sie. In diesem Augenblick war ich auch schon wieder unglücklich. Ich hätte mir gewünscht, sie würde gleich wieder auftreten oder am nächsten Tag.

Ich holte meinen Mantel und bin ins Freie gerannt. Ich machte mich instinktiv auf den Weg und stand plötzlich vor dem Bühnenausgang. Ich habe alle Hemmungen überwunden und die Tür aufgerissen. Und in dem schlechtbeleuchteten Flur sah ich Zarah Leander. Zufällig. Sie trug einen Pelzmantel, hatte Blumen im Arm, ihre Sonnenbrille auf. Um sie herum vier oder fünf Männer. Ich war ihr also ganz nah, aber sie bemerkte mich nicht. Da fiel mir nichts Besseres ein, als sie an diesem Persianer zu zupfen. Da hat sie mich angeschaut, und ich stammelte: «Ich hätte so gern ein Autogramm von Ihnen.» Sie setzte sich in eine Nische und gab es mir. Ich wartete ganz aufgeregt neben ihr. In dem Augenblick kam ein Fotograf, ich spürte das Blitzlicht. Ich war überglücklich. Jetzt war ich mit der Zarah auf einem Bild. Ich rannte dem Fotografen hinterher, weil ich einen Abzug haben wollte. Als ich zurückkam, war natürlich Zarah Leander weg.

Ich wurde jetzt immer mutiger und faßte in der Nacht den Entschluß, mich am nächsten Tag vor das Hotel zu stellen und auf sie zu warten. Am Morgen habe ich einen großen Strauß Flieder gekauft und an der Rezeption abgegeben. Dort sagte man mir, daß Frau Leander heute abreisen wird. Ich getraute mich nicht, in der Halle sitzen zu bleiben. Es war ein furchtbar kalter März, und ich bin vor dem Hotel immer hin und her gelaufen. Vielleicht eineinhalb Stunden. Plötzlich sah ich sie durch die Glasscheibe. Sie hatte meinen Blumenstrauß im Arm, noch eingepackt. Und ich stand da ganz verschüchtert, weil ich ihr einen Brief dazu geschrieben hatte. Sie kam auf mich zu und sagte: «Sind diese Blumen von Ihnen?», und ich antwortete: «Ja.» Sie hat sich dafür bedankt und ihrem damaligen Agenten, Harry Heidemann, aufgetragen, meine Adresse aufzuschreiben, weil sie mir ein Bild mit Widmung schenken wollte. Und wieder entschwand sie. Ich sehe noch, wie sie ins Auto stieg und mir mit ihren weißen Handschuhen zuwinkte.

Wie glücklich war ich, als ich wieder nach Bern zurückfuhr und allen von meiner Begegnung erzählte. Doch niemand glaubte, daß ich jemals von Zarah hören würde, weil sie es doch gar nicht nötig hätte, mir etwas zu schicken. Aber ich habe so an meine Zarah geglaubt. Ich wurde auf eine harte Probe gestellt. Es vergingen drei Monate, und ich getraute mich schon nicht mehr, von ihr zu sprechen. Aber dann, eines Tages, kam ein sehr schönes Bild von ihr mit der Widmung: «Herrn Paul Seiler, herzlichst, Zarah Leander». Das hat mich so glücklich gemacht. Das war die Grundlage zu einer menschlichen Beziehung. Ich habe ihr das nie vergessen, daß sie mich nicht vergessen hat.

Nun, nachdem ich Zarah kennengelernt hatte, ging meine Sammelei mit viel größerer Leidenschaft weiter. Als sie Weihnachten 1956 im Sportpalast auftrat, bin ich nach Berlin gefahren, unter dem Arm meine Sammlung, inzwischen ein schweres, dickes Buch. Zwischen ihren beiden Vorstellungen gab sie eine Autogrammstunde für ihre Berliner Fans. Es waren einige Hundert. Als ich endlich vor ihr stand, schaute sie plötzlich auf und sagte laut und deutlich: «Das ist ja der Herr aus der Schweiz!» Sie hat dann mein Album durchgeblättert und eine Riesenwidmung in schwedischer Sprache reingeschrieben.

1958 bin ich aus beruflichen Gründen endgültig nach Berlin gekommen. Damals hatte Zarah eine sehr aktive Zeit in dieser Stadt. In Kreuzberg gibt es ja noch heute das Hansa-Studio. Das wurde von der Ariola gepachtet für sämtliche Neuaufnahmen, die Zarah Leander sang. Sie hat mir eines Tages gesagt, daß ich ins Schallplattenstudio kommen könne, wenn ich mich nicht dabei langweile. Jeden Morgen bin ich hingegangen und durfte da sitzen und ständig ihre Stimme hören. Ich habe mich überhaupt nicht gelangweilt. Ich fing dann an, für sie Kaffee zu kochen, denn es gab keine Kantine und sie brauchte sehr viel Kaffee. Schließlich brachte ich meine eigenen Tassen und meinen Bohnenkaffee mit, und wenn sie morgens um neun, zehn Uhr zu arbeiten begann, war schon eine Tasse frisch gebrühter Kaffee da. Das hat sie ganz toll gefunden. Um ihre Tasse habe ich einen schwarzen Faden gebunden, weil das die Zarah-Tasse war. Die habe ich jahrelang aufgehoben.

1959 hat sie sich im Studio den neuesten Stand meiner Sammlung angesehen und sich so gefreut. Sie meinte, das sei das Beste und Authentischste, was sie je über sich gesehen habe. Das machte mich natürlich noch ehrgeiziger, und 1960 beauftragte ich ein Ausschnittbüro, mir alles über Zarah Leander zu schicken. Jede Woche bekam ich ein Kuvert mit den neuesten Rezensionen. Diesen Vertrag habe ich erst 1967 gekündigt.

Ich hatte übrigens immer das Gefühl, daß ich Zarah Leander verteidigen mußte. Wahrscheinlich, weil ich sie so liebte. Aber meinen ersten negativen Eindruck hatte ich dann doch 1965. Ich hatte von der Wiener Aufführung ‹*Lady aus Paris*› gelesen und hatte wahnsinnig hochgestochene Erwartungen. Die deutsche Premiere war im März 1965 im Theater des Westens. Ich war enttäuscht. Zum erstenmal sagenhaft enttäuscht. Die Musik hat nichts getaugt, es war ein mühsames Stück. Sie hat ein paar schöne Lieder gesungen, aber das war einfach zu wenig. Die Handlung hing durch und es stimmte hinten und vorne nicht. Sie bekam hier in Berlin recht negative Kritiken. Ich habe immer gewußt, daß sie mehr kann. Sie hat eben nie das Glück gehabt, in dem ganz großen Musical zu spielen. Der Anlaß war eigentlich immer nur Zarah Leander. Um sie herum fiel es stark ab. Sie trat ja auch bei vielen sogenannten «Bunten Abenden» auf. Ich habe auf diese Weise Veranstaltungen mitgemacht, die ich sonst nie besucht hätte. Ich wünschte sie mir immer woanders. Da fing so etwas wie eine Distanzierung an. Auch die Treffen mit meinem Idol wurden immer ein klein wenig überschattet von diesen Eindrücken.

Ich bekam auch das Gefühl, daß meine Verehrung für Zarah mich für andere Dinge blockierte. Ich fing an, mich für Rockmusik zu interessieren, für Filme von Bergman oder Fellini, für zeitkritische Theaterinszenierungen. Ich hatte mich fast etwas geschämt, ein Zarah-Fan zu sein. Ich wurde in der Studentenbewegung aktiv und hatte meine bestimmten Vorstellungen von Politik. Bis ich dann spürte, was für eine unwahrscheinliche Kälte unter den Menschen herrscht. Das war die Zeit, die ich heute als spießig betrachte. Weil man sich immer rechtfertigen mußte, wenn man Gefühl zeigte. Denn ich finde es wichtig, daß wir den Mut haben, unsere Gefühle herauszuschreien, ohne zu fragen, wie diese bewertet werden. Und von neuem begann das Pathos der Zarah Leander wieder eine größere Rolle für mich zu spielen. Es war wie eine kleine Renaissance. Ich kaufte mir die Schallplatte ‹*Ich bin die Leander*›, eine Zusammenstellung von alten Liedern, die ich zum Teil noch gar nicht hatte. Und da ist mir bewußt geworden, daß ich zwischen 1967 und 1972 gar keine Platte mehr von ihr gehört hatte.

1973 wurde dann Zarah Leanders Abschiedstournee angekündigt. Ich hatte ein bißchen Angst, in einem Konzert mit all den anderen Fans konfrontiert zu werden. Mir ist so eine bestimmte Hysterie manchmal auch auf den Wecker gefallen. Aber ich dachte mir, ich habe sie so lange begleitet, so muß ich auch ihren letzten Auftritt in Berlin erleben. Ich bin hingegangen, und es war ein sehr schönes Konzert. Zarah war so gut wie seit Jahren nicht mehr. Sie trat allein auf, wurde nur dezent vom Klavier begleitet. Aber plötzlich hieß es während der Vorstellung, seid nicht allzu traurig, Zarah Leander nimmt nicht für ganz Abschied. Sie kommt immer wieder, wenn es ihre Kräfte erlauben. Da fühlte ich mich enttäuscht. Ich bin mit einem unwahrscheinlichen Gefühl in diese Vorstellung gegangen, auch mit einer kleinen Träne im Auge, mit dem Gedanken, es wird die letzte sein. Wenn der Vorhang zugeht, ist dieses Kapitel in meinem Leben zu Ende.

Ich wollte sie so gut in Erinnerung behalten wie in diesem Abschiedskonzert. Aber das war nicht so. Sie trat dann da wieder auf und dort. Sie brauchte Publikum. Das hat, glaube ich, auch etwas mit Sexualität zu tun. Sowohl für den Künstler, der sich auf dem Altar der Bühne immer wieder weiht, als auch für die Zuschauer. In ihrem Leben hat das eine Ausschließlichkeit gewonnen, die einen fast manischen Charakter annahm. Und Zarah hatte einen sehr rührigen Agenten, der ihre Leidenschaft, sich dem Publikum ständig präsentieren zu wollen, reichlich ausgenutzt hat. Sie ist eigentlich verheizt worden. Ein Agent hätte sie eher zurückhalten sollen. Es begann die Phase, die mir so weh tat. Das Publikum blieb aus, die Vorstellungen waren nicht mehr ausverkauft.

Ganz schlimm war es 1976 bei den «Wühlmäusen» in Berlin. Ich bin einmal ganz müde vom Nachtdienst nach Hause gefahren und sah auf allen U-Bahnhöfen Zarah Leander plakatiert. Dieser Kopf, dieses Lächeln. Und meine bange Frage, ob sie es überhaupt noch schafft. Aber dann habe ich mich doch gefreut und gehofft, daß es vielleicht so wird wie 1963 im Haus Vaterland in Hamburg. Denn bei Großveranstaltungen wie in der Berliner Waldbühne mit 20000 Zuschauern, Streichholzfeuerovationen, da kam zwar eine sehr tolle Stimmung auf, ein Rausch, aber von Zarah hatte man eigentlich nicht allzuviel. Sie war viel zu weit entfernt. In den kleinen, intimen Varietébühnen dagegen konnte man sie ja beinahe am Rockzipfel fassen. Ich bin irgendwann in der Woche hingegangen und dachte zuerst, daß ich zu einer falschen Zeit gekommen wäre. So wenig Leute waren da, vielleicht 50 Besucher. Zarah war krank, ja gebrechlich und sie hat sich beim Singen hinsetzen müssen. Das sah merkwürdig aus.

Jetzt wurden ihre körperlichen, durch das Alter bedingte, Schwächen deutlich. Sie lief nicht mehr so gut wie 1955, wo ich sie das erste Mal sah. Da kam sie ja fast rausgerannt, strahlend, da mußte sie nicht gestützt werden. Jetzt war es üblich, daß sie schon in der Pianokurve lehnte, wenn der Vorhang aufging, und daß sie hier ein Glas zu trinken hatte und daneben ihre Tempotaschentücher. Diese Situation paßte nicht in das Bild, das ich von ihr hatte. Sie sollte ein strahlender, unzerstörbarer Star bleiben. So wie sie uns erhalten ist im Film, auf den Videobändern, die ich von ihr gesammelt habe. Mir tat es weh, diesen Verfallsprozeß zu sehen, weil er auch gar nicht zu ihrem Genre paßte. Sicher, bei einem Zarah-Konzert in der zwanzigsten Reihe war die Illusion noch da. Denn die Stimme saß bis zum Schluß, was auch ihre ärgsten Kritiker bescheinigen. Sie hat zwar ein bißchen falsch gesungen, hat die Einsätze verpaßt, aber die Stimme saß. Im Kampf mit dem Körper war sie die Stärkere.

Gegen Ende ihrer Karriere konnte sie es sich auch nicht mehr aussuchen, wo sie sang. Da blieben plötzlich nur noch die Kaffeefahrten oder die Tuntenbälle. Ihre Auftritte fanden sozusagen nur noch nebenbei statt. Der Anlaß war nicht mehr Zarah Leander. Und es kam noch hinzu, daß ihre Gebrechlichkeit mit Make-up und Fummel kaschiert wurde. Die Zarah mußte sich halt schminken, eine Perücke aufsetzen, Glitterdinge um sich haben. Diesen Tribut forderte ihr Fach. Die Vermännlichung, die bei vielen Frauen im Alter stattfindet, trat auch bei Zarah ein. Ihre Stimme wurde noch tiefer. Aber diese Vergleiche, sie sehe wie ein Transvestit aus, waren eigentlich dumm. Sie war natürlich immer ein ganz bestimmter Frauentyp. Groß, mit breiten Schultern und ihrer dunklen, melodiösen Stimme. Das hat ihren Reiz eher noch erhöht. Später war sie den heterosexuellen Männern einfach zu alt. Die anderen blieben ihr treu. In einer der letzten Vorstellungen im Theater des Westens waren dann eben 50 Prozent der Besucher Homosexuelle. Mir kam Zarah am Ende wie eine Verkleidung ihrer selbst vor. Diese krampfhafte Konservierung verselbständigte sich, und das hat sich auch zur Demontage angeboten. Ihr Ruf war unten. Bei der Veranstaltung «20 Jahre Chez Nous» 1978, ihr letztes Konzert in Berlin überhaupt, war die zweite Vorstellung nicht mehr ausverkauft. Das wäre vor Jahren undenkbar gewesen. Viele konnten es eben nicht ertragen, sie altern zu sehen. Ich auch nicht.

Bei ihrem letzten Auftritt im Fernsehen, 1978 im ZDF, konnte sie nicht mehr Playback singen, wußte sie den Text nicht mehr, und ich dachte, nein, was kommt denn noch alles auf mich zu. Warum bleibt uns dieser Verfall nicht erspart. Aber als sie dann 1981 starb, war ich sprachlos, betäubt, betroffen. Ich fühlte mich von meiner Übermutter verlassen. Wenn ein Mensch noch lebt, denkt man ja immer, daß man ihn vielleicht noch einmal trifft. Aber jetzt war die Trennung endgültig. Mir bleibt nun die Erinnerung an die junge Zarah, an die unsterbliche Zarah. Zu meiner Trauerarbeit gehörte, daß ich ein Kleid von Zarah Leander über einen Stuhl aus Lönö legte, daneben ein Bild von ihr stellte und einen Kerzenleuchter. Ich finde es wichtig, nicht zu verdrängen, wenn man um einen lieben Menschen trauert. Da sind wir schon wieder bei den Gefühlen, die nicht ausgelebt werden in unserer Gesellschaft. Nach ein paar Wochen war das vorbei, da hat mich der Stuhl gestört – ich hatte Abschied genommen von Zarah Leander.

Fast drei Jahrzehnte habe ich Zarah Leander begleitet und meine Sammlung mit mehr als 5000 Zeitungsartikeln und über 500 Fotografien ist mir manchmal über den Kopf gewachsen. Dieses Buch ist für mich so etwas wie ein Abschluß. Ich fühle mich verantwortlich für Zarahs Vermächtnis. Ich glaube auch, daß sie mit ihrer Energie in mir enthalten ist. Das gibt mir Kraft, und ich glaube, sie will auch, daß es dieses Buch gibt. Ich habe keine Angst vor dem Alter, aber Angst vor dem Tod.

chweden
Scharlachberg

Ich bin ein Star

«Wollt ihr einen Star sehen, schaut mich an.» Dieses in schwedischer Sprache gesungene Couplet nach der Melodie ‹*Wenn der weiße Flieder wieder blüht*›, vorgetragen in einer Revue von Ernst Rolf im Städtischen Theater Borås nahe bei Göteborg, eröffnete am 27. Oktober 1929 eine fast 50 Jahre andauernde Karriere: *Die Karriere der Zarah Leander!*

Wie alt sie damals war, läßt sich auch heute nicht mit letzter Sicherheit feststellen. Geboren in Karlstad als Sarah Stina Hedberg wurde sie Brockhaus zufolge 1907, nach Knaurs Buch vom Film 1902, im rororo Filmlexikon ist sogar die Jahreszahl 1900 vermerkt. Ihr Debut gab sie bereits unter dem Namen Leander, da sie zwei Jahre zuvor den Schauspieler Nils Leander geheiratet hatte. Aus dieser Ehe, die 1932 geschieden wurde, gingen ihre beiden einzigen Kinder Boel und Göran hervor. 1932 heiratete sie den schwedischen Journalisten Vidar Forsell, den Sohn des Intendanten der Stockholmer Oper.

Am 27. Februar 1930 stellte sie ihre erste Schallplatte mit dem Titel ‹*Ich weiß nicht, warum ich es tue*› dem Publikum vor. Sie wußte sicher genau, warum sie es tat:

«Eine Unbekannte, die aus ihrer Not (gescheiterte Ehe, zwei Kinder) herauswollte, eine ‹feurige Stute, die ins Freie will›. So nahm man sie wahr; und das ‹gewisse Etwas›, das sie gerne besang, wurde durch die Besonderheit ihrer dunklen Stimme verstärkt. Diese Stimme war eine Seltenheit, ein Kontraalt, den viele – was sie böse machte – einen Baß nannten. Je pathetischer man diese biegsame Stimme mit den Jahren einsetzte, um so weniger weiblich wirkte sie. Manchmal schien es, sie habe das Volumen einer Orgel

... Sie sang keine Schlager, sondern kurze essayistische Trivialdramen.»[2]

Bis 1935 folgten weitere Revuen sowie drei Filme ‹*Dantes Mysterien*› (1930), ‹*Der falsche Millionär*› (1931) und ‹*Skandal*› (1935), in denen Zarah Leander aber noch nicht zu ihrem späteren Typ gefunden hatte. Auf Filmfotos aus diesen Jahren ist sie kaum zu erkennen.

Dafür feierte sie auf der Bühne um so größere Triumphe. Ihre Manon Cavallini in der Lustspieloperette ‹*Eine Frau, die weiß, was sie will*› von Oscar Straus gab ihr die Möglichkeit, das Chanson ‹*Warum soll eine Frau kein Verhältnis haben?*› vorzutragen. Bis zum Ende ihrer Karriere gehörte es zu den Höhepunkten ihrer Bühnenauftritte.

Nicht zu vergessen natürlich 1931 ihre Hanna Glawari in der ‹*Lustigen Witwe*› von Franz Lehár. Ihr Partner war Gösta Ekman, der Faust-Darsteller aus dem berühmten Stummfilm von F. A. Murnau (1926). Übrigens mußte die Gesangspartie der ‹*Lustigen Witwe*› von Sopran nach Kontraalt transponiert werden. Franz Lehár wurde um Erlaubnis gebeten, er lachte und antwortete: «Eine solche Stimme gibt es nicht, aber meinetwegen: transponieren Sie, so viel Sie wollen.»[3]

Jahre später, nachdem Lehár die Leander in Wien in ‹*Axel an der Himmelstür*› auf der Bühne gesehen hatte, meinte er:

«Und da mußte ich ja meinen eigenen Ohren trauen. Jetzt bereue ich, daß ich niemals nach Stockholm gekommen bin, um ‹*Die lustige Witwe*› zu hören. Und ich begreife, was mir entgangen ist.»[4]

Trotz der ungewöhnlichen Besetzung dieser Rolle schrieb eine schwedische Zeitung begeistert:

«Und nun erscheint sie. Langsam schreitet sie die Treppe herab, ihre Bewegungen haben einen unmittelbaren, ein wenig eckigen Charme, ihr Gesicht ist faszinierend und neu. Ihre Frisur ist zwar unkleidsam, aber das macht nichts. Stürmischer Beifall empfängt sie, und da sie es erwartet hat, sieht sie gelassen und glücklich aus. Ihre eigenartige, gleichzeitig dunkle und ein wenig schrille Stimme ist so sinnlich und von so warmem Timbre, wie man es sich nur wünschen kann. Man ist hingerissen, und wenn sie die Bühne verläßt, sehnt man sich schon nach ihrem nächsten Auftritt.»[5]

Auch die für eine Schauspielerin ungewohnte Körpergröße Zarah

Leanders schadete ihrem Erfolg nicht, im Gegenteil, die dänische Zeitung *Politiken* meinte:

«Sie war ein Turm von Schönheit, und selbst bei dieser Höhe hätte man unmöglich zu sagen vermocht, wo man auch nur einen einzigen Zentimeter hätte einsparen können.» [6]

Im Frühjahr 1936 erreichte Zarah Leander ein Angebot aus Wien, in einer musikalischen Komödie die Hauptrolle zu übernehmen. Der dänische Operettenkomiker Max Hansen, der in Berlin aus «rassischen Gründen» nicht mehr erwünscht war, spielte jetzt am Theater an der Wien und hatte sie dort als seine Partnerin vorgeschlagen.

Ihr fiel es sicherlich nicht schwer, diese Chance wahrzunehmen, da sie von Kindesbeinen an mit der deutschen Sprache vertraut war und Wien der damaligen europäischen Filmmetropole Berlin einen Schritt näher lag.

«Die Welturaufführung von Ralph Benatzkys ‹*Axel an der Himmelstür*› fand am 1. September 1936 im Theater an der Wien statt, wozu sich die Wiener Gesellschaft mit dem Bundeskanzler Kurt von Schuschnigg eingefunden hatte.

Die Kritiken waren ausnahmslos gut. Die *Wiener Tageszeitung* bezeichnete die Premiere als ‹sensationellen Erfolg›, und das *Neue Wiener Journal* meinte, Zarah Leander habe ‹eine prachtvolle Stimme und ein außerordentliches Darstellungsvermögen, sie siegt indes vor allem durch ihre Schönheit›.» [7]

Zarahs Stimme war für das Operettenpublikum in Wien völlig ungewohnt, die tiefe, «unweibliche» Stimme, die gleichzeitig so viel Wohlklang, Charme und feine Nuancierungen verströmte, war eine unerhörte Sensation.

«Und da steht plötzlich auf der Bühne eine wunderbar schöne, rothaarige Frau und singt mit tiefer, schwerer Stimme: ‹*Eine Frau von heut'*›. Das kam den Wienern etwas überraschend, sie waren zuerst entsetzt. Sie waren erschrocken und fasziniert zugleich, sie wußten nicht, ob sie lachen oder weinen, ob sie applaudieren oder zischen sollten.» [8]

Die Reaktion des Wiener Publikums, eine Mischung aus Erstaunen und Bewunderung, sollte Zarah Leander während ihrer gesamten Karriere begleiten. Briefe ihrer Fans waren an den «Sehr verehrten Herrn Leander» adressiert, ihre Gegner empfanden es als

Anmaßung, daß eine Frau in der Stimmlage der Männer singt, und umgingen die Auseinandersetzung mit ihrer Wirkung, indem sie Zarah als «Damenbaß» denunzierten.

Die Schwedin hat selbst einmal eine Antwort auf die oft gestellte Frage: «Warum singen Sie eigentlich so tief?» gegeben, sie sagte: «Weil ich nicht höher singen kann.»

Nachdem sich das Publikum allerdings an die Stimme Zarah Leanders gewöhnt hatte, ließ es sich von ihrer erotischen Wirkung berauschen. Die schwedische Presse berichtete über ihren Erfolg:

«*Svenska Dagbladet* bringt die Schlagzeile ‹Zarah hat großen Erfolg in Wien› und *Stockholms-Tidningen* notiert, ‹Zarah erobert die Wiener im Sturm ... eine so wilde Begeisterung hat man seit den Tagen der klassischen Operette nicht mehr erlebt.› ...

‹Benatzkys neues Werk ist keine Operette im üblichen Sinne. Es ist ein Stück mit Gesangseinlagen, ein wenig Operette, ein wenig Lustspiel, ein wenig Melodram und ein wenig Kriminalstück. Also ein gut durchgeschüttelter Theaterdrink. Für die Hauptrolle schrieb Hans Weigel ein paar ausgezeichnete Chansons. Das Stück enthält nämlich mehr Chansons als eigentliche Lieder. Benatzky hat dazu eine gefällige Musik komponiert. Zarah Leander schien auch bedeutend freier, liebenswürdiger, weniger angestrengt als seit langem zu singen ... Eine große Schauspielerin ist sie wohl nicht, aber eine warmherzige und echte Persönlichkeit, und mit solchen Eigenschaften gelingt eine Rollengestaltung häufig besser als mit raffinierter Schauspielkunst.›» [9]

Auch der weltberühmte Dirigent Bruno Walter sah sich das Stück an und sagte in einem Interview, das er der Zeitung *Svenska Dagbladet* gab:

«Die Leander! Aber ja! Ich muß gestehen, daß ich oft und gern in Operetten und ähnliches gehe, freilich mit dem kleinen Hintergedanken, vielleicht einen Opernstoff zu finden. Und ich bin aufrichtig betrübt darüber, daß sich Zarah Leanders Stimme nicht für die Oper eignet. Denn sie ist ein höchst ungewöhnliches Talent, eine auffallend künstlerische Begabung und gleichzeitig eine Persönlichkeit. Ja, wenn ein Schwede begabt ist, dann ist er ungewöhnlich begabt!» [10]

Kinostar

Ich bin ein Star. Ein großer Star, mit allen Launen,
so heißt das Urteil, meine Herrn, ist das nicht wahr?
Das ist ein Irrtum, meine Herrn, wozu das Staunen,
was hab ich schon so viel davon, daß ich ein Star?
Ein Kinostar, die Sehnsucht Tausender Mädchen.
Kinostar, Idol der heutigen Zeit.
Meterhoch verkünden die kleinsten Städtchen
deinen Ruhm, deine Schönheit, deine Unvergleichbarkeit.
Kinostar, du Abgott dieses Jahrhunderts!
Jeder wünscht, an deiner Stelle zu sein.
Doch das grelle Scheinwerferlicht
verbirgt der Welt mein wahres Gesicht.
Im Grunde meines Herzens bin ich allein.[11]

Dieses Lied aus ‹*Axel an der Himmelstür*›, von Zarah Leander vorgetragen, ließe sich sehr gut als Leitmotiv für die nun kommenden Jahre ihrer eigenen Filmkarriere denken. Schon bald nach dieser Premiere drehte sie bei der Gloria-Film in Wien ihren ersten Film außerhalb Schwedens.

«In ihrem ersten deutschsprachigen Film, der österreichischen Produktion ‹*Premiere*› (Regie: Geza von Bolvary), ist noch kaum etwas von der späteren Ausstrahlungskraft zu spüren. Ungünstig angezogen, wirkt sie matronenhaft und in der Schlußrevue unfreiwillig komisch, wenn sie, stark aufgetakelt, den Riesenrock mit ausgebreiteten Armen haltend, eine große Treppe hinunterschreitet. Doch ihr Lied ‹*Ich hab vielleicht noch nie geliebt*› und das reife, schöne Gesicht prägen sich ein.»[12]

1 ‹*Falska millionären*›. Schweden 1931
[Der falsche Millionär]

2 ‹*Falska millionären*›. Schweden 1931

3 ‹*Falska millionären*›. Schweden 1931

4 ‹*Die lustige Witwe*›. Vasa-Theater, Stockholm 1931

5 ‹*Falska millionären*›. Schweden 1931

6 ‹*Eine Frau, die weiß, was sie will*›.
Stora Teatern, Göteborg 1933

7 ‹*Axel an der Himmelstür*›. Theater an der Wien, Wien 1936

8 ‹*Axel an der Himmelstür*›. 100. Vorstellung, Wien 1936

THEATER AN DER WIEN

DIREKTION: ARTHUR HELLMER

75. bis 100. Aufführung

Max Hansen — Zarah Leander

Axel an der Himmelstür

Musikalisches Lustspiel in 3 Akten (5 Bildern) von Paul Morgan und Adolf Schütz. Liedertexte von Hans Weigel.

Musik von Ralph Benatzky

Regie: Arthur Hellmer — Musikalische Leitung: Anton Paulik

Bühnenbilder: Felix Smetana

Gloria Mills	Zarah Leander	Lady Constance Barrington	Annie Reiter
Ein Reporter	Max Hansen	Polizeirichter Irving Blythe	Armin Springer
Jessie Leyland	Lisl Kinast	Rechtsanwalt Bab Pepermint	Arthur Mainzer
Cecil Mc Scott, Chefproducer (der „Scott-Film-Corporation")	Paul Morgan	Polizeiaufseher Tommy Rogers	Erwin Parker
Stuart Williams, Regisseur (der „Scott-Film-Corporation")	Herbert Berghof	Kriminalinspektor Morton	Josef Hübner
Miß Brown, Sekretärin (der „Scott-Film-Corporation")	Susi Tomek	Clark, Chauffeur (bei Gloria)	Hans Frank
Theodor Herlinger, Friseur	Erich Dörner	Dinah, Dienerin (bei Gloria)	Heidem. Halbeyer
Produktionsleiter (der „Scott-Film-Corporation")	Bert Alda	Der Direktor (des Hotels)	Felix Knüpfer
Operateur (der „Scott-Film-Corporation")	Karl Bruck	Der Portier (des Hotels)	Eduard Kautzner
Tonmeister (der „Scott-Film-Corporation")	Josef Pac	Erster Kriminalbeamter	Fritz Buber
Ausstattungschef (der „Scott-Film-Corporation")	Manfred Inger	Zweiter Kriminalbeamter	Ed. Finberg
Komponist (der „Scott-Film-Corporation")	Franz Westen		
Autor (der „Scott-Film-Corporation")	Anton Kunz		

Spielt in Hollywood

Das erste Bild in der Frontoffice der Scott-Film-Corporation, das zweite in Theodor Herlingers Wohnung, das dritte im Salon des Appartements von Gloria Mills im Hotel Ambassador, das vierte in einer Zelle des Schnellgerichtes in Los Angeles und das fünfte im Verhandlungsraum.

Große Pause nach dem 3. Bild.

Cape im 3. Bild von Frau Leander, Old Bond Street, 1., Kärntnerstraße 33
Hut im 5. Bild von Frau Leander: Herma Jacobsohn, 1, Kohlmarkt 8
Interieur des 3. Bildes, sowie sämtl. Kunstgegenstände und Antiquitäten: N. Klein & Co., 18., Gymnasiumstr. 25
Korbmöbel: Egon Kraus Verkaufsstelle der Prag-Rudniker Korbwaren-Fabrik, 6., Mariahilferstraße 1a
Beleuchtungskörper: Alois Pragan u. Bruder, 7., Schottenfeldgasse 69
Ventilator und Fächer: Eduard Weiß, 7., Neustiftgasse 64
Fahrender Tisch: Anton Ketterle, 7., Neustiftgasse 101
Bilder und Rahmen: J. Landsberger, 4., Favoritenstraße
Kaminausstattung: Aus der Geschenkabteilung der Parfümerie M. E. Mayer, 1, Lobkowitzplatz 1
Silberwaren: Hacker Silberhof, 1., Operngasse 2
Schmuck: Perlkönigin, 6, Mariahilferstraße 81
Service und Glaswaren: Küchenhaus Sommer, 6, Schleifmühlgasse 15
Der Radioapparat im 2. Bild ist ein Erzeugnis der Firma „Minerva-Radio"
Klaviere: R. Waldhäusl, 7., Stiftgasse 8
Kunstblumen: H. Mücke, 7. Kirchengasse
Antiseptisch gereinigte Operngläser vom Optiker A. Kleemann, 7., Schottenfeldgasse 79, sind in der Garderobe erhältlich.
Die Räume des Theaters werden mit Perolin desinfiziert.

Alle Photos in diesem Heft und in den Gängen des Theaters: Nicoll, 4, Prinz Eugenstraße 30

9 *‹Axel an der Himmelstür›*. Programmzettel 1936

10 ‹*Premiere*›. Wien 1936

11 ‹*Premiere*›. Wien 1936

12 *‹Premiere›* mit Karl Martell. Wien 1936

Die größte Geliebte des deutschen Films

Mehrere Filmgesellschaften, unter anderem aus London und Hollywood, interessierten sich für den neuen Star. Ernst Hugo Corell, der Produktionschef der Ufa, fuhr extra nach Wien, um sich Zarah Leander auf der Bühne anzusehen. Er war begeistert, bot ihr einen großzügigen Vertrag an, und sie willigte kurzentschlossen ein. Zarah Leander kam nach Berlin.

«Mit dem Engagement der Schwedin Zarah Leander, die zwar nicht im Revuefilm, aber im Musikfilm des nationalsozialistischen Deutschland wohl die wesentlichste Rolle gespielt hat, bot sich der deutschen Obrigkeit endlich Gelegenheit, die empfindliche Lücke, die der Weggang Marlene Dietrichs hinterlassen hatte, zu schließen. Dabei wollte man noch etwas anderes ausgleichen: den ‹Garbo-Komplex›. Daß diese ‹Neue Garbo› auch aus Schweden kam, was ja aus heutiger Sicht wie ein besonders günstiges Zusammentreffen erscheint, soll, folgt man Zarah Leander, dem Propagandaminister gar nicht recht gewesen sein:

‹Goebbels war durchaus nicht begeistert davon gewesen, daß die Ufa ausgerechnet eine Ausländerin zur leading lady der eigenen Gesellschaft und wenn möglich des gesamten deutschen Films aufbauen wollte. Er betrachtete es als Armutszeugnis, daß das stolze Dritte Reich nicht eine eigene Garbo produzieren konnte. Diese Schwedin paßte ihm einfach nicht, und dementsprechend behandelte man mich von oben wie Luft.›

Das änderte sich. Nach ihren ersten drei Ufa-Filmen, ‹*Zu neuen Ufern*›, ‹*La Habanera*› und ‹*Heimat*›, war sie bereits so populär, daß der öffentlichen Anerkennung nun auch die offizielle folgte.

Was konnte Zarah Leander, die mit ihrer ungewöhnlich tiefen, herrlichen Stimme längst internationale Berühmtheit erlangt hatte, 1936 veranlassen, nach Deutschland zu gehen? Sie selbst äußert sich nicht direkt dazu, es scheint aber doch mindestens zwei Gründe gegeben zu haben. Zunächst bot ihr die Ufa einen enorm günstigen Vertrag, nach dem sie 53 Prozent ihrer sehr hohen Gage in Devisen bezog, die direkt an ihre Stockholmer Bank überwiesen wurden. Ein im damaligen Deutschland wohl unerhörter Vorzug, der ihre Ausnahmestellung verdeutlicht ...

Das zweite Motiv könnte künstlerischer Ehrgeiz gewesen sein, denn ein Vertrag mit der Ufa, der damals einflußreichsten Filmmacht Europas, sollte vielleicht ihren eigenen Traum Wirklichkeit werden lassen, diese zweite Garbo zu werden, eine Garbo, die sang.»[13]

Ihre beiden ersten Ufa-Filme ‹*Zu neuen Ufern*› und ‹*La Habanera*› drehte sie unter der Regie von Detlef Sierck, der 1937 nach Beendigung der Dreharbeiten ins Exil ging, da er mit einer Jüdin verheiratet war. In den USA machte er unter dem Namen Douglas Sirk Karriere als Regisseur von melodramatischen Filmen. Im ZDF-Filmforum wurde er unter dem Titel «Douglas Sirk: Über Stars» zu seinem 80. Geburtstag von Eckhart Schmidt auch über Zarah Leander befragt:

«Die Ufa brauchte damals neues Starmaterial. Die Harvey war nicht mehr da, und eigentlich dachten sie an einen Star so in der Art etwa wie in ‹*Der Kongreß tanzt*›, etwas leichtfüßiges Blondes. Ich kam nach Wien und sah die Vorstellung. Es war aber nicht leichtfüßig und blond, sondern schwerblütig und ein Gesicht von einer unwahrscheinlichen klassischen Schönheit über einem etwas schweren Körper, der allerdings durch die Schwere eines sehr ausladenden Gewandes betont und verdeckt wurde.

Später entdeckte ich, daß sie breithüftig und schwer, schwer auch in der Stimme war. Aber diese Stimme, die eigentlich ein Bariton war, empfand ich sofort als aufregend. Ich hatte das Gefühl, daß hier etwas Merkwürdiges war. Nun ist Merkwürdigkeit und Seltsamkeit ja immer das Neue. Es liegt im Wort merkwürdig, man merkt es sich.

Eigentlich blieb dieses merkwürdige Gesicht in jedem Licht dasselbe. Es hatte nämlich jene Flächigkeit, die ja auch das Gesicht der Garbo gehabt hat, und die gut für den Film ist, auch jene Ruhe des Gesichts, nicht die Nervosität. Nun ist Nervosität ungeheuer interessant in einem Gesicht. Das Gegenteil, die Ruhe, die Flächigkeit des Gesichts ist filmisch außerordentlich schön. Solche Gesichter wie bei der Garbo und auch bei der Ingrid Bergman, viele der Schwedinnen haben das, wurden von uns jungen Filmemachern das Kuhgesicht genannt. Die stillen Augen, die ja schön sind bei den Kühen, dazu die Ruhe, die eine merkwürdige Faszination für die Kamera ausübte. Ich hatte das Gefühl, die Leander kannst du mit irgendeiner Linse schießen, mit einer wide-angle zum Beispiel, die alles ein bißchen verzerrt. Dieses Gesicht ist in dieser Beziehung strapaziös.»

Der Kameramann Franz Weihmayr (1903–69) fotografierte von 1937 bis 1942 alle zehn Leander-Filme. Mit seiner Kameraführung verstand er es, den ihr einzig gemäßen Bildstil zu finden, den des Porträts.

«Immer wieder rückt er sie in die Großaufnahme, läßt er ihre schwermütig verhangenen Augen, ihre getragene Melancholie voll ausströmen, taucht er sie in ein fahldämmeriges Helldunkel, das in den balladesk heraufbeschworenen Reminiszenzen einer lastenden Vergangenheit zu schwelgen scheint ... Ihr Charme ist monologer Natur. Sie ist ein Standbild von marmorner Kühle, das anzieht und zugleich Distanz gebietet. Sie rührt den Zuschauer durch die Spiegelung ihrer grenzenlosen seelischen Vereinsamung, aber sie beeindruckt ihn nicht durch sein Ausströmen von menschlicher Herzenswärme.

So, als Porträt, als schönes Bild, hätte sie meines Erachtens im Stummfilm, ohne ihre Stimme, ohne ihr rhythmisches Ausrollen der Konsonanten und ohne das breite Aussingen der Vokale die gleiche Popularität erringen können. Denn sie ist nicht auf Grund ihrer Begabung, sondern allein als Filmgesicht die geborene Tragödin der Leinwand.» [14]

Es war nicht immer einfach für diese «große, stattliche Person», den richtigen Filmpartner zu finden, zu dem sie aufschauen konnte, der sie um Haupteslänge überragen mußte. Wie Detlef Sierck das Problem löste, erfahren wir von ihm, als er über die Dreharbeiten des Films *‹Zu neuen Ufern›* berichtet:

«Willy Birgel war von ihr auch fasziniert, er machte mich nur auf eines aufmerksam, was natürlich ein Schauspieler sofort bemerkt: ‹Ich glaube, sie kommt nicht in Frage, sie ist doch viel großer als ich.› Ich sagte: ‹Au weh, das hab ich gar nicht bemerkt, was machen wir da?› Also begann ich noch ein anderes System neben den Kameraschienen zu legen aus zehn Zentimeter großen Blöcken. Die gibt es in jedem Studio, in jeder Anzahl, man muß mitunter Tische und Stühle erhöhen. Auf diesen Blöcken wandelte von nun ab Willy Birgel und sie nebenher. Birgel war zunächst geniert. Sie war vollkommen souverän.

Der Beifall nach der Premiere war stark. Die Leander zog mich mit einer weniger graziösen als herrischen Gebärde auf die Bühne und sagte mit ihrer dunklen Baßstimme: ‹Das ist der Mann, der dafür verantwortlich ist, was wir heute verbrochen haben.› Das Publikum klatschte wahnsinnig, und ich dachte mir, die haben sie doch vielleicht akzeptiert. Corell, der in diesem Fall skeptischer war, sagte nach der Vorstellung: ‹Ich bin nicht sicher. Der Film ist ein guter Film und vielleicht schlucken sie diese Frau auch.›» [15]

Das *Berliner Tageblatt* vom 2. September 1937 hob besonders Zarah Leander hervor, die die banale Handlung in ein eindrucksvolles Erlebnis verwandelt habe:

«Es ist ein Film der großen Töne. Man wird ergriffen von der Melodie dieser Bilder und schließlich auch von dem Orgelton einer Stimme. Unter der Spielleitung von Detlef Sierck (und der Tonaufnahme von Carl-Heinz Becker) geschieht das Wunder, daß man durch eine an sich belanglose Handlung gefesselt wird und daß aus einem schön geschnittenen Gesicht (Zarah Leander) eine Vox humana klingt, die man so leicht nicht vergessen wird.

Die Stimme ist übernatürlich dunkel, in der Lage fast ein Bariton, aber sie schwingt und klingt so wundervoll, daß Vergleiche (rein tonliche Vergleiche) mit der Dietrich oder der Garbo gar nicht in Frage kommen. Ob das Lied vom Regen oder von der großen Sehnsucht oder sonst ein süßer Brei gesungen wird – ob er auf der Kabarettbühne, ob im Zuchthaus hinterm Webstuhl oder beim Korbflechten gesungen wird –, es ergreift rein klanglich.

Aber auch sonst hat er Züge des Wunderbaren. Da ist (nach einem Roman von Lovis H. Lorenz und einem Drehbuch von Sierck und Kurt Heuser) eine Frau, die aus Liebe sogar ein Zuchthausschicksal auf sich nimmt, sich für den geliebten Mann aus England nach Australien deportieren läßt und dort –

– ja, und nun kommt das Hübsche und Effektvolle: Es gab in der Mitte des vorigen Jahrhunderts in Sydney das Gesetz, daß aus bevölkerungspolitischen Gründen eine Zuchthäuslerin, die sich gut führte, dann frei kam, wenn ein ehrbarer Mann sie heiratete. In diesem Fall nun – und es ist, wie fast immer im Film, ein Einzel- und kein Beispielfall – ist der Ewig-Geliebte, um dessentwillen die dunkelstimmige Frau ins Zuchthaus ging, ebenfalls in Sydney, und traut sich als Offizier nicht, das Experiment der Heirat zu machen, sondern ein anderer, ein kleinerer, ein einfacher Bürger ohne Uniform wirbt um sie. Und als sich der Offizier dann durchgerungen hat, sie doch als Ewig-Geliebte und Frau anzuerkennen, da ist sie inzwischen so weit, daß sie ein großes Nein sagen kann.»

Der *Berliner Lokalanzeiger* vom selben Tag berichtete nicht weniger euphorisch über die neue Entdeckung, deren Stimme noch eindrucksvoller als die Bilder des Films auf den Zuschauer wirke:

«Über allem aber liegt der Glanz einer Stimme. Sie ist so berauschend wie schwerer dunkler Wein. Sie kann so wuchtig klingen wie der Ton einer Orgel. So durchsichtig scheinen wie Glas, so tief wie Metall. In dieser Stimme ist alles: der Jubel, das Glück, des Lebens trunkene Melodie und sein wilder Schmerz. Und diese Stimme gehört Zarah Leander, der großen Schauspielerin, der neu entdeckten Tragödin des deutschen Films. Es ist nicht zuviel gesagt, wenn man behauptet, daß sie für den Tonfilm dasselbe bedeuten wird, was Asta Nielsen in ihrer Art für den Stummfilm war.»

Zarah Leanders Aufstieg zum absoluten Star der Ufa vollzog sich in einem atemberaubenden Tempo. Nach ihrer ersten Filmpremiere in Deutschland wurde sie von Publikum und Kritik enthusiastisch gefeiert. Worauf sich ihr schneller Erfolg grundete, untersucht Günther Rühle in der *Frankfurter Allgemeinen Zeitung*:

«Nie haben die Deutschen einen Kinostar mehr geliebt und verehrt als die Schwedin Zarah Leander. Es war ein süchtiges Verhältnis – von dessen Nachhaltigkeit sich mancher bei ihrer Wiederkehr in den fünfziger und sechziger Jahren überzeugen konnte, der ihre großen Jahre noch miterlebte.

Die Jahre des Zarah Leander-Rauschs waren die zwischen 1937 und 1942. Es gab kaum jemanden, dem die tiefe, fast männliche, oft dröhnende Stimme, die sich aber schnell leicht, elegant, keck, kokett und kapriziös geben konnte, nicht im Ohr klang, dem das schöne Gesicht, das sich dramatisch verdüstern, sinnlich verschleiern, tränenreich glänzen und auch die Heiterkeit einer überlegenen Frau gewinnen konnte, nicht vor Augen stand.

Zarah Leander war im Jahr 1936 für manche ein Fund in der Not und bald eine hochbezahlte Entdeckung. Niemand im deutschen Film hat eine höhere Gage bekommen, niemand wurde bald mehr inszeniert als sie. Ihre Berliner Premieren waren – von ihrem ersten deutschen Film ‹*Zu neuen Ufern*› an – großgemachte Ereignisse, halbe Staatsakte mit langer Wagenanfahrt, Herrenbegleitung im Frack für die Diva und Spalier derer, die der Ufa-Pressechef Carl Opitz, ein Arrangeur sondergleichen, in die sanfte Hysterie der weit ins Land ausstrahlenden Vorerwartung versetzt hatte.

Es gab damals manche Filmpremiere, die ereignishaft war; Filme mit Jannings, mit Krauß, mit Heinrich George, große Schauspielerfilme. Die Zarah Leander-Filme ließen nicht die Schauspielkunst, sondern das Kino triumphieren, das schwellende Gefühl, die Geschichten von der großen Liebe, von denen der kleine Mann und seine Frau träumten, das Lehrmädchen wie die Stenotypistin und der pubertierende Pennäler. Sie war alles in allem: das Weib, die Frau, die Dame, die Treue, die Untreue, die Liebesschmerzensreiche. In ihren Augen war sowohl die Verführung wie das Flehen.

Wieviel Tränen sind vor ‹*La Habanera*›, dem ‹*Herz einer Königin*› (sie spielte Maria Stuart), der ‹*Rauschenden Ballnacht*›, dem ‹*Weg ins Freie*› oder in der ‹*Großen Liebe*› geweint worden. Mit ihren Liedern ‹*Der Wind hat mir ein Lied erzählt*› oder ‹*Ich steh im Regen und warte auf dich*› hat sich mancher seinen Seelenschmerz an- oder weggesungen. Und mit der zunehmenden Katastrophenangst in Deutschland wurden 1942 ‹*Ich weiß, es wird einmal ein Wunder geschehn*› oder ‹*Davon geht die Welt nicht unter*› zu Hoffnungs- und Trotzliedern.

War diese große, stattliche Person mit dem ‹tollen roten Haar› und der ‹höchst eigenartigen Stimme› eine Schauspielerin? Sie selbst hat das verneint. Waren ihre Filme Kunstwerke? Sie hat sie allesamt – trotz der fast epidemischen Erfolge – verworfen – außer dem Film ‹*Heimat*›, weil Heinrich George sie hier bis an die Schwelle der Kunst führte, was keinem sonst gelang und schon gar nicht dem ‹tötenden› Willy Birgel. Ihr Stolz waren ihre Lieder …

Der Film hatte damals (nach Asta Nielsen) zwei mythische Figuren. Greta Garbo, die schöne Schwedin mit der stillen Faszination, dem Rätselblick, der attraktiven Kühle – und Marlene Dietrich, die Schlank-Kokette, Laszive, Erotisch-Zynische: ein Vamp, den das Kino liebte. Beide waren unerreichbar, in Hollywood. Die Ufa suchte zu ihnen ein Pendant, denn der Ehrgeiz des Hitler-Staates, ein Gegen-Hollywood zu gründen, wurde sichtbar. Die junge Leander hatte mit dem Dietrich-Song (‹*Ich bin von Kopf bis Fuß*›) und auch mit Garbo-Parodien ihre Verbindung zu beiden gezeigt. Doch sie war und wurde kein Ersatz, sie war etwas ganz anderes.

Sie wurde aufgebaut als Vamp. Aber sie hatte nur kleine, schöne Spielarten davon. Ihr Gefühlsreservoir war zu groß, ihre Leidenschaft zu üppig, ihr Temperament zu ungeduldig, ihre Koketterie zu persönlich, ihre Erscheinung zu damenhaft; ihre besten Wirkungen holte sie aus dem Schmachten der Sehnsucht, den Eruptionen ihres brechenden Herzens, den Momenten der Entsagung oder des plötzlichen Glücks und aus ihren Seufzern. Sie spielte gern Frauen, die sich aus Liebe opfern (was kein Vamp tut). Ihr dramaturgisches ‹Ach› (in: ‹*Der Wind hat mir ein Lied erzählt*›) war damals eine kleine Sensation. Vergleichbar nur mit dem hellhörigen ‹Hoppla›, mit dem Lotte Lenya in das Lied der Brechtschen Seeräuber-Jenny eine Fermate – die der zwanziger Jahre – gesetzt hatte.

Da sie nie genau andere Menschen spielte, sondern immer nur sich, spielte sie auch immer nur eine Rolle: die der großen Liebenden. Sie brachte das Liebesdrama auf Überlebensgröße. So wurde sie die größte Geliebte des deutschen Films. Wer in seinem eigenen Leben die Eruptionen, Gewitter und Aufhellungen der Liebe nicht erfuhr, konnte hier in ihrem Anblick vergehen. Nach dem Film ‹*Heimat*› hielt man sie sogar für eine Tragödin, so sehr erregte sie mit ihren wenigen, aber suggestiven und verführerischen Mitteln die Nerven ihrer Zeitgenossen. Ihre Eindruckskraft war freilich durch vielerlei äußere Umstände gestützt und verstärkt.

Diese Umstände erklären sich aus der politischen Situation. Die NS-Kunst hatte fast alle künstlerischen Entwicklungen der zwanziger Jahre eliminiert. Sie förderte wieder die Kunst der unmittelbaren Beteiligung, der Identifikation von Zuschauer und Rolle. Sie wollte wieder die Dramatisierung des Lebens, die große Empfindung, die übergroß gezeigten Werte. Ehre, Treue, Tapferkeit – aber auch Liebe. Die großen Liebesdramen waren nicht nur Bestandteil des alten Kinos, sondern auch der neuen Tendenz zum übergroßen Gefühl.

Dennoch entsprach die Leander dem politisch propagierten Frauenbild nicht. Sie war mondän, sinnlich, unpolitisch; sie erschien als Weib, dem nur der Mann die Hauptsache war. Ihre Lieder wirkten (inmitten des Treuekults) eher ‹sündig›, verworfen, frivol.

Ihr Typus der Femme fatale gehörte eher zur großbürgerlichen Welt von 1910 als ins Dritte Reich. Sie war deren Nachglanz. Da jene Welt noch in Hitlers Staat hineinreichte, gehörte sie zur geduldeten und sogar – aus welchen Gründen immer – gepflegten ‹Gegenwelt›. Auch das machte ihren Erfolg aus. Wo das Leben immer enger, straffer, militärischer, gelenkter wurde, verkörperte sie – noch das Schöne, Große, das Private, das nur für sich da sein konnte und das berühmte ‹Ich bin, wie ich bin›. Es war damals schon antiquiert, aber doch noch eine Sehnsucht. So diente sie einer großen Illusion.» [16]

Detlef Sierck sei es gelungen, Zarah Leander «große menschliche Dimensionen» zu geben, schrieb die Filmemacherin Helma Sanders-Brahms über den Film ‹*La Habanera*›.

Ein Melodram, das Zarah Leander die Möglichkeit gab, die Gefühle einer Liebenden bis an die Grenze zum Kitsch auszuspielen.

«In ‹*La Habanera*› erliegt Marian Zarah, der schwedischen Aufsässigen mit dem Hang zur Wildheit, wie sie ihm. Es kommt zur Ehe, weil sie von dem Schiff, das sie zurück nach Schweden bringen soll, in Marians Arme flüchtet: ‹Nun habe ich nur noch dich!› sagt sie, und wie Sierck das inszeniert hat, klingt es wie eine Drohung, und Marian, der elegante Wilde, legt ihr sein Inselreich und sich selbst zu Füßen und von Stund an sehnt sie sich nur noch nach Norden, nach Schweden, nach Schnee und Tannenbäumen, und folgerichtig bringt sie einen absolut blonden Knaben zur Welt, mit dem sie dann Schlittenpartien in der glühendheißen Tropenwohnung unternimmt, auf dem Teppich, auf dem sie partout nicht bleiben will. Denn als endlich der ersehnte frühere Verlobte aus Schweden auftaucht, ein zu Opfern aller Art entschlossener Arzt, und die Insel vom Fieber und Zarah vom Gemahl befreit – Marian stirbt am Fieber als Opfer seiner antiwissenschaftlichen feudal-mittelalterlichen Ansichten –, ja, da enteilt Zarah samt Sohn und Verlobtem zurück nach Schweden, zu den Zivilisierten, denen Spritze und Serum kein Teufelswerk sind, aber schon auf dem Schiff sehnt sie sich zurück nach dem verdammten Inselreich und seiner ewigen Habanera, die ihr zuvor ein Brechmittel war und dem Zuschauer mittlerweile, bei der letzten Einstellung des Films, auch schon eins ist: ‹Der Wind hat mir ein Lied erzählt ...›

Einerseits begreift man nun, warum die Nazis 1937 so was noch produzierten, als Fritz Lang und andere längst in den USA oder sonstwo saßen. Schweden, der Norden, die Wissenschaft, die Mutterliebe, der blonde Knabe in den Fängen des düsteren Vaters ... andererseits imponiert die List, mit der Sierck diese Geschichte gegen den Strich bürstet und einem am Ende die ganze Heimatsehnsucht doch wieder vermiest, wie vorher schon das Eheglück, das hier die Freuden eines Schraubstocks hat. Aber auch aus der Story zwischen Marian und Leander macht er etwas sehr Ambivalentes, so daß man zwischendurch immer wieder die Wut auf diese singende Spinatwachtel kriegt, die dauernd nach dem Schnee jammert, der in den Tropen nicht zu haben ist, und ihr Kind dazu anstiftet, den eigenen Vater zu hassen, und sich dann wundert, wenn der tückisch wird. Und wie Sierck auch das Spinatwachtelige an Zarah – ja, und verdammt, das hat sie! – auch wieder gegen den Strich bürstet, so daß aus ihr etwas wird, das auf ganz ähnliche Weise rührt wie die Garbo, irgendwie auch dieses überaus schöne Gesicht mit der leichten Schiefe darin, die vorgeschobenen Schultern der zu groß gewachsenen Frauen und ihr vorgeschobenes Becken, das aus dem Bestreben kommt, neben kleineren oder gleich großen Männern kleiner, zierlicher zu wirken, wie es zu diesen Überfrauen gar nicht paßt, die bei genauem Hinsehen immer mit eingeknickten Knien laufen, um nur nicht so groß zu wirken, wie sie sind, und wie die Muttis im Kino sie auch nicht haben wollen, die sich in den Filmen beider Diven einst die Taschentücher vollweinten.»[17]

Zarah Leander habe in ihren Filmen nie verschiedene Rollen, sondern nur verschiedene Toiletten gespielt, schrieb ein Kritiker anläßlich ihres 50. Geburtstags. Das Schicksal der Frauenrollen, die sie verkörperte, folgte einem festumrissenen Schema. «Ständig hatte sie dem Publikum, vor allem den Frauen vorzuführen, wie man, stolz erhobenen Hauptes und ohne an Charme einzubüßen, den Widrigkeiten des Lebens zu trotzen vermag.»[18]

Auch in ‹*Heimat*› (1938, Regie Carl Froelich) nach dem Schauspiel von Hermann Sudermann, setzt sich die Titelheldin Magda gegen die spießige Moral ihrer Heimatstadt zur Wehr und überwindet alle Schwierigkeiten. Zarah Leander wurde in Frankreich in dieser Rolle mit Sarah Bernhardt verglichen, die um die Jahrhundertwende als Magda auf der Bühne Triumphe gefeiert hatte.

Die Stärke Zarah Leanders lag aber nicht in ihrem Spiel, sondern in ihrer erregenden Altstimme, auf die der dramaturgische Aufbau der Handlung abgestimmt war.

«Ihr Wesen forderte den pathetischen Musikfilm, der als höchsten Trumpf ihre Stimme einsetzen konnte: die heroische Seelenrevue. Die bekam sie. ‹*Zu neuen Ufern*›, ‹*La Habanera*›, ‹*Es war eine rauschende Ballnacht*› – Titel um Titel ein rauschender Erfolg um diese aus der Tiefe aufrauschende Stimme, die von Liebe und Leid sang, von Trost und Untröstbarkeit.

Carl Froelich wurde ihr Leibregisseur. Er drehte mit ihr als Maria Stuart das ‹*Herz der Königin*›, eine üppige, finster und steif dahersegelnde Wehleidigkeit. Er inszenierte mit ihr Sudermanns ‹*Heimat*› und gab ihr Heinrich George zum Partner. Diese Partnerschaft wertete sie als Schauspielerin auf, gleichzeitig aber durfte sie in ‹*Heimat*› Glucks ‹*Orpheus*› singen – und sogar die ‹*Matthäus-Passion*›.»[19]

Unter der Regie von Paul Martin wurde 1939 ‹*Das Lied der Wüste*› gedreht und hatte noch im selben Jahr Premiere. Er wurde der einzige Mißerfolg von Zarah Leanders Ufa-Filmen. Kurz nach der Erstaufführung verschwand er aus den Kinos und gelangte auch nach dem Krieg nicht mehr zum Einsatz.

Den vorletzten Film, den die Leander für die Ufa drehte, bevor sie 1943 endgültig Deutschland verließ, war ‹*Die große Liebe*› unter der Regie von Rolf Hansen. Der Luftwaffenpilot Paul Wendlandt (Viktor Staal) lernt die Sängerin Hanna Holberg (Zarah Leander) kennen. Liebe, Trennung, Wiedersehen, erneute Trennung, erneute große Liebe. Das geht so durch das ganze besetzte Europa. Die Lieder ‹*Ich weiß, es wird einmal ein Wunder geschehn*› und ‹*Davon geht die Welt nicht unter*› haben die Zeit überdauert und sind Evergrenns geworden.

Nach dem Krieg wurde ihr dieser Film als Propagandafilm angelastet, deshalb soll auf diese Produktion ausführlich eingegangen werden.

«Helmut Regel zufolge ist ‹*Die große Liebe*› der meistgesehene deutsche Film, den bis 1943 rund 27 Millionen Zuschauer besucht hatten. Dieser Erfolg ist zweifellos der Leander zuzuschreiben, die, abweichend von ihrem Rollenklischee, einmal nicht das leidende Muttertier zu spielen hat, das für sein Kind jedwede Erniedrigung der Kunst hinnimmt. Hier ist sie strahlend, passioniert und sphinxhaft: als Ersatz-Dietrich ‹sternbergisiert›, nannte sie der Filmhistoriker

Hull. *‹Mein Leben für die Liebe›* und *‹Ich weiß, es wird einmal ein Wunder geschehn›*, die legendären Lieder stammen aus diesem Film.

‹Die große Liebe› nimmt das Revueprinzip des Krieges: die permanente Unterbrechung, den permanenten Aufschub, in die Personen hinein. Abgesehen von zwei kurzen Revuebildern (die übliche Masse von Kavalieren in Zylindern) auf dem Theater erscheint nun die Kriegswirklichkeit auf zivilen Schauplätzen zwischen Berlin, Rom und Paris als Revuebild. Ob das Büro des Musikverlegers, die Bildtapeten der Wohnung Hanna Holbergs oder die Via Appia: immer scheinen die Räume zu Ideallandschaften stilisiert, zu Räumen, in denen neben kalter Pracht nur stolze Trauer herrscht. Der heroische Gestus des Aufschubs und Verzichts bestimmt die Dramaturgie. Und zwar noch bis in die Chargen, wenn Grethe Weiser als die Zofe der Leander im Luftschutzkeller den Bohnenkaffee an sich reißt mit der Bemerkung, so weit ginge die Volksgemeinschaft doch nicht. Dieser Lacher befreit den Zuschauer vom Druck, der ihn belastet; das Lachen aber über ihn, das ihm die Filmfiguren vorführen, fesselt ihn sogleich.

Zielgehemmte Erotik im Fronteinsatz muß auch der Heimat Triebaufschub auferlegen. Während der Offizier aber in allen Wirren den kühlen Kopf bewahrt, muß der verhängte contactus interruptus für die Frau sich als neurotische Störung auswirken. Das ist Strafe im dramaturgischen Sinn und Glück im Darstellerischen zugleich. Denn man muß nur sehen, wie die Leander – im Gegensatz zum Robotertum der Marika Rökk und dem jungfräulichen Melodram der Söderbaum – ihre neurotisch gezeichnete Sinnlichkeit gegen alle Propagandaintentionen ihrer Auftritte behauptet.

Fälschlicherweise hat man die Lieder der Leander als Durchhalte-Lieder bezeichnet, was für die Nach-Stalingrad-Produktion zutreffender wäre. ‹Davon geht die Welt nicht unter, die wird ja noch gebraucht!› – diese Hyperbel gilt weniger der Untergangsvision, sondern eher der grandiosen Verheißung und speist sich aus naivem Größenwahn einer Kolonialmacht, die 1942 schon Rittergüter für den Friedensschluß verteilt.

Diesem melodramatischen Beitrag zur psychologischen Kriegsführung in der Heimat ist die beißende Persiflage *‹The More the Merrier›* (USA 1943) vergleichbar, in der ein Flugzeugingenieur in geheimer Mission die große Liebe zwischen Front und Heimat stiftet.» [20]

‹*Damals*› (1942, Regie Rolf Hansen) war der Titel ihres letzten Films für die Ufa. Während der Dreharbeiten wurde ihr von Goebbels nahegelegt, die deutsche Staatsbürgerschaft anzunehmen und ihr Gut Lönö, 220 Kilometer südlich von Stockholm gelegen, gegen ein Grundstück in Ostpreußen einzutauschen. In der verschärften Kriegssituation wollten die Nazis es nicht mehr tolerieren, daß der berühmteste Filmstar Deutschlands immer noch die meiste Zeit in Schweden, einem neutralen Land, verbrachte. Dazu kam noch das Devisenproblem; ihre Gage, die immerhin zwischen 300000 und 500000 Reichsmark jährlich betrug, sollte ihr in Zukunft nicht mehr zu 53 Prozent in Devisen ausbezahlt werden.

Sie lehnte das Angebot von Goebbels ab, und obwohl ihr Vertrag mit der Ufa noch bis Ende 1943 ging, zog sie sich nach Schweden zurück, ohne neue Filmverhandlungen aufzunehmen.

«Für viele war das ein Schock, für manche ein Menetekel. Im Gemunkel ‹Zarah Leander ist fort› (in der Katastrophe von Stalingrad) steckte ein Gefühl von Verlassenwerden, von werdendem Untergang. Der üppigste, allgemeinste, illusionsstärkste Liebesgegenstand war in der beginnenden Kriegsermattung verloren.»[21]

Im März 1943 kam sie ein allerletztes Mal nach Berlin, um sich bei der Filmpremiere von ‹*Damals*› dem Publikum zu zeigen und zwei Schallplatten aufzunehmen (‹*Einen wie dich könnt ich lieben*› und ‹*Jede Nacht ein neues Glück*›, 14. April 1943). In dieser Zeit wurde auch ihre Villa im Grunewald ausgebombt, sie kehrte Deutschland endgültig den Rücken. Ihre Filme verschwanden aus den Kinos, es wurden Verdächtigungen ausgestreut, Zarah Leander sei eine Spionin gewesen, und einmal soll es sogar eine Schlagzeile gegeben haben: «Die schwedische Sängerin Z. L. wegen Spionage erschossen!»

«In Schweden traf sie auf vereiste Empfindungen, Verleumdungen und sogar Haß. Fünf Jahre konnte sie nicht auftreten. Sie begnügte sich mit ihrer Landwirtschaft, Heringzählen, sie nahm Flüchtlinge auf. Es brauchte eine große Strategie, um 1948 erst in Schweden die politische Resistenz zu erschüttern, dann in Deutschland.»[22]

Dies waren sicherlich schwere Jahre für Zarah Leander, Jahre ohne Bühnenauftritte, Plattenaufnahmen, ohne Filmatelier. Später sagte sie einmal über diese Zeit: «Für jedes meiner Jahre in Berlin mußte ich mit einem Jahr der Verbannung zahlen», und bezeichnete sich selbst als «politische Idiotin».

«‹Es wäre gewiß Unfug›, schrieb der Filmkritiker Henning Harmssen, ‹der Leander einen braunen Strick drehen zu wollen, weil sie die Hitler-Jahre in Deutschland mit Chansons begleitet hat. Andererseits muß sie ihre Kurzsichtigkeit, von der sie schon als junges Mädchen geplagt war, im Umgang mit den Nazis kultiviert haben, denn in ihren schnurrenreichen Memoiren findet sich nicht einmal der zarteste Hinweis auf die antisemitischen Akzente in dem Film ‹*Der Weg ins Freie*› (1941), auch nicht die geringste Bemerkung zur reinen Durchhaltetendenz ihres größten kommerziellen Filmerfolgs ‹*Die große Liebe*› (1942).›»[23]

Ihr Ehrgeiz traf sich mit der Bestimmung, die die Nazis ihr zugedacht hatten. Für sie war Zarah Leander die offiziell erlaubte Sünderin, die stellvertretend für die Abgründe und Sehnsüchte der eigenen Seele auf der Leinwand die großen Leidenschaften lebte, wovor sich der Kleinbürger mit wohligem Schauer grauen und die er doch fasziniert genießen konnte. Ihre «hermaphroditische» Ausstrahlung mag dieser Rolle entgegengekommen sein, dazu Helma Sanders-Brahms: «Yes, Sir, das war sie, karottenrotes, feuerrotes Haar, wie es die deutsche Überlieferung dem Teufel zuschreibt, hermaphroditische Stimme, halb Mann, halb Frau, auch der Teufel war ja Schlange am Baum der Erkenntnis, also weiblich, oder war er doch männlich wie der stürzende Luzifer? … kann denn Liebe Sünde sein: Zarah, beinahe schon Sarah und vielleicht noch sündiger durch dieses Z, Z der Zedern des Libanon, Z wie zionistisch, Z wie Zinnober, Farbe der Hexen, E. T. A. Hoffmanns Klein-Zaches, genannt Zinnober, auch teuflisch, schon sind wir wieder bei den Haaren, rot schimmerten sie durch alle Schwarzweiß-Filme, das war einfach im Bewußtsein, daß sie rot sein mußten, bei der Stimme, ein roter Feuerschopf, lodernd über der nazispießigen Wohlanständigkeit.»[24]

Die Ufa machte aus ihr das Scheinbild der Übertretung, spannte sie für eine Rolle ein, die zur Nazi-Kultur nicht passen wollte und doch ihre Funktion erfüllte, da sie die freiwillige Selbstaufgabe für die Liebe propagierte, worüber die deutsche Frau ihre zwanghafte Unterwerfung vergessen konnte.

Zarah Leander mochte sich der Funktion ihrer Filme nicht bewußt gewesen sein, aber ohne sich direkt mit dem Nationalsozialismus zu verbünden, hatte sie «ihre Zeit» genutzt.

13 *‹Zu neuen Ufern›*. Berlin 1937

14 *‹Zu neuen Ufern›*. Berlin 1937

15 *Zu neuen Ufern*›. Berlin 1937

16 *‹Zu neuen Ufern›*. Berlin 1937

17 ‹*La Habanera*›. Berlin 1937

18 ‹*La Habanera*›. Berlin 1937

19 ‹*La Habanera*› mit Karl Martell. Berlin 1937

20 ‹*Heimat*› mit Leo Slezak. Berlin 1938

21 *‹Heimat›*. Berlin 1938

22 ‹*Heimat*› mit Ruth Hellberg und Heinrich George. Berlin 1938

23 *‹Heimat›*. Berlin 1938

24 ‹*Heimat*›. Berlin 1938

25 In ihrer Villa. Berlin 1938

26 ‹*Der Blaufuchs*› mit Willy Birgel. Berlin 1938

27 Ufa-Casino, mit Gary Cooper und Wolfgang Liebeneiner. Berlin 1938

28 Presseball. Berlin 1939

29 Standfoto. Berlin ca. 1939

30 Standfoto. Berlin ca. 1939

31 ‹*Es war eine rauschende Ballnacht*› mit Hans Stüwe. Berlin 1939

32 ‹*Es war eine rauschende Ballnacht*›. Berlin 1939

33 «Es war eine rauschende Ballnacht». Berlin 1939

34 ‹*Es war eine rauschende Ballnacht*› mit Hans Stüwe. Berlin 1939

35 ‹*Das Lied der Wüste*›. Berlin 1939

36 ‹*Das Lied der Wüste*› mit Gustav Knuth. Berlin 1939

37 ‹*Das Lied der Wüste*›. Berlin 1939

38 ‹*Das Lied der Wüste*›. Berlin 1939

39 ‹*Das Herz der Königin*›. Berlin 1940

40 *‹Das Herz der Königin›* mit Will Quadflieg. Berlin 1940

41 ‹*Das Herz der Königin*› mit Willy Birgel und Lotte Koch. Berlin 1940

42 *‹Das Herz der Königin›* mit Friedrich Benfer. Berlin 1940

43 ‹*Der Weg ins Freie*› mit Siegfried Breuer. Berlin 1941

44 ‹*Der Weg ins Freie*› mit Walther Ludwig. Berlin 1941

45 Standfoto. Berlin 1941

46 Standfoto. Berlin 1942

47 Standfoto. Berlin 1942

48 ‹*Die große Liebe*›, Berlin 1942

49 ‹*Die große Liebe*›. Berlin 1942

50 ‹*Die große Liebe*›. Berlin 1942

51 Standfoto. Berlin 1942

52 Standfoto. Berlin 1942

53 ‹*Die große Liebe*›. Berlin 1942

54 ‹*Die große Liebe*› mit Viktor Staal. Berlin 1942

55 ‹*Die große Liebe*›. Berlin 1942

56 *‹Die große Liebe›*. Berlin 1942

57 Standfoto. Berlin 1942

58 Mit Michael Jary. Berlin 1942

59 *‹Damals›*. Berlin 1942

60 ‹*Damals*›. Berlin 1942

61 ‹*Damals*› mit Rossano Brazzi. Berlin 1942

62 ‹*Damals*›. Berlin 1942

63 Standfoto. Berlin 1942

Zarah, wir lieben dich!

In ihrer schwedischen Heimat hatte sie von 1943 bis 1949 Auftrittsverbot. Bei ihrem ersten Konzert jedoch, am 5. August 1949 im Stadttheater Malmö, wurde ihr Comeback vom Publikum und von der Presse begeistert gefeiert.

Etwas später gastierte sie auch wieder in Stockholm, die sozialdemokratische *Aftontidningen* bemerkte allerdings dazu: «Der Ausschnitt ihres Kleides war wie früher tief und ihr Haar ebenso kupferrot wie Anno nazimal.»

Die Alliierten übernahmen nach dem Krieg für Österreich und Deutschland das schwedische Auftrittsverbot, dafür spielte sie in Rom in einer Revue, sang in Ägypten, Südamerika, Island und Griechenland. 1949 ließ man sie zuerst in die französische und amerikanische Zone, etwas später auch in die britische.

Die deutsche Nachkriegspublizistik war verunsichert durch die Wiederkehr Zarahs, die die unbewältigte Vergangenheit wieder aufleben ließ. Der folgende Artikel aus dem *Sozialdemokrat* vom 8. Februar 1949 ist bezeichnend dafür, wie man die Auseinandersetzung mit dem «Phänomen Zarah» umging. Der Verfasser denunzierte sie als «Abnormität», als «umgekehrten Kastraten» und wollte damit wohl ihre politisch unliebsame Vergangenheit treffen.

«Sie hat niemals etwas mit Politik zu tun gehabt, geschweige denn mit Spionage. Aber sie war der Filmstar Nr. 1 des Dritten Reiches. Wer Gagen in solcher Höhe bezogen hat (zum großen Teil in Devisen), kann nicht unberechtigt als Nutznießerin bezeichnet werden. Sie war ein glänzendes Propagandamittel des Ministeriums gleichen Namens, dem auch Filmstars nur Mittel zum Zweck waren.

Es wandeln und wirken heute wieder viele unter uns, von denen man Ähnliches singen und sagen kann. Sie können mit mehr oder weniger Recht behaupten, daß sie unter einem Zwang handelten. Wenn aber irgendeiner nicht dazu gezwungen wurde, so war sie es, die Schwedin, deren einzige Ähnlichkeit mit dem Propheten darin bestand, daß sie in ihrem Vaterlande nichts galt ...

Sie ist heute nicht viel mehr als ein Museumsstück zur Erinnerung an eine unrühmliche Epoche des deutschen Films, die seinen künstlerischen Ruf in der Welt zunichte machte. Niemand wird von einem Filmstar unbedingt politischen Weitblick oder Instinkt verlangen. Aber inzwischen hätte ihr längst die Erkenntnis aufsteigen können, daß sie als Aphrodisiakum mißbraucht wurde, um arme Wehrmachtsangehörige zur Geburtensteigerung anzuregen.

Denn sie schien weniger eine Schauspielerin als ein Phänomen zu sein, richtiger gesagt, eine Abnormität – ein umgekehrter Kastrat sozusagen: eine Frau mit der Stimme eines Bassisten, ein dankbares Objekt für Stimmenimitatoren ...

Einmal hieß es, sie habe in Schweden einen Muster-Molkerei-Betrieb gegründet – Zarah und die Kühe – welche Möglichkeiten für eine musikalische Idylle! Sie hätte dabeibleiben sollen.»

Josef Marein in *Die Zeit* vom 17. Februar 1949 beschäftigte sich ebenfalls mit Zarah Leanders Rückkehr:

«Tausend Jahre sind vergangen; und dann vier Jahre, die wie Jahrzehnte zählen, und da steht sie wieder auf einem deutschen Podium (der Hamburger Musikhalle) und singt, und ein Mikrofon ist da und eine Lautsprecheranlage, die dafür sorgen, daß man auch hört, was und wie sie singt, diese rotblonde Frau namens Zarah Leander. Schweden, wo sie ihr Filmgeld in einem Landgut anlegte, muß ein konservierendes Klima besitzen. Denn Zarah – im Gegensatz zu uns, die wir uns und unser Geld (falls solches vorhanden) in Deutschland lassen mußten – ist nicht älter geworden. Sie ist noch immer schön. Sie singt auch noch, als wäre nichts geschehen, im selben Ton wie einst dieselben Schlager ...

Es gibt im Ausland Leute, die ihr das Unrecht antun und sagen, sie habe mit den Nazis paktiert. Welcher Unsinn! Sie hat Filme gemacht, sonst gar nichts. Es gab in den Ufa-Ateliers niemanden, der nicht wußte, welch vortreffliche Kollegin die Leander sei, grundanständig, grundgescheit und – was viel zählt angesichts ihrer großen Erfolge – gar nicht überheblich. Und auch daran ist nicht zu rütteln, daß es heute mutig und charmant von ihr ist, die Deutschen jetzt zu besuchen, wo wir so gar keine Beliebtheit und kein Ansehen genießen, und uns ein paar Lieder vorzusingen, wenn es auch meist sentimentale Lieder sind, die uns erinnern, aber nicht trösten.»

Trotz des unterschiedlichen Presseechos unterbreitete Walter Koppel von der Real-Film Hamburg ihr ein Filmangebot. In ‹*Gabriela*› stand sie ab 5. Januar 1950, nach sieben Jahren Filmpause, wieder vor einer Kamera. Die Musik schrieb Michael Jary, Zarahs langjähriger Freund und Nachkriegstourneebegleiter durch halb Westeuropa.

«Die Premiere war ein Massenstart in 42 Städten. Geza von Cziffra führte Regie, Siegfried Breuer, Carl Raddatz und Grethe Weiser spielten mit ... Das Publikum reagierte merklich kühler als die Filmkaufleute, die Zarahs ersten Nachkriegsfilm, wie man in der Branche sagt ‹blind gebucht› hatten, nur auf den Namen hin, ohne ihn gesehen zu haben.» [25]

1952 drehte sie unter der Regie von Fritz Peter Buch ‹*Cuba Cubana*› mit O. W. Fischer in der Rolle des Liebhabers. Ein Jahr später folgte ‹*Ave Maria*› mit ihrem einstigen Filmpartner Hans Stüwe, nur das Seemannslied ‹*Ich kenn den Jimmy aus Havanna*› ist in Erinnerung geblieben. In dem Film ‹*Bei Dir war es immer so schön*› (1954) trat sie in einer Episodenrolle als Filmstar Zarah Leander auf und sang ihre Lieder von einst. 1959 folgte noch ‹*Der blaue Nachtfalter*› mit Christian Wolff und 1966 schließlich wiederum eine Episodenrolle in ‹*Das gewisse Etwas der Frauen*› mit Nadja Tiller, Michèle Mercier, Anita Ekberg und Robert Hoffmann.

Im Gegensatz zum Beispiel zu Heinz Rühmann schaffte es Zarah Leander nicht, ihre Rollen der veränderten Zeit anzupassen, sie war die alte geblieben, mit ihren Garderoben, Pailetten, dem gewohnten Pathos. Die Träume, zu der diese stilisierte Kunstfigur gehörte, lagen in Schutt und Asche.

«Die neuen Filme – von ‹*Gabriela*› bis zum ‹*Blauen Nachtfalter*› zeigten, ihre Rollen waren nun vollends von der Zeit überholt. Es war das alte dramatische Kino, was sich hier wieder auftat; sie variierte weiterhin den Typus ihrer Sängerinnen. In ‹*Bei Dir war es immer so schön*› sang sie sogar schon ihre alten Lieder von ehedem. So wurde sie das Denkmal ihrer selbst, nichts sonst.» [26]

Auch selber schien sie es eingesehen zu haben. Sie wollte nie wieder ein Filmatelier betreten. Jahre später sagte sie in einem Interview dazu:

«‹Die Hoffnung, im deutschen Film noch einmal so erfolgreich auftreten zu können wie früher, habe ich aufgegeben. Man soll schließlich keine verflossenen Amouren aufwärmen, wie mein Entdecker Hans Weidemann immer zu mir gesagt hat.› Dann fügte ‹Zarah Diva› mit einem alles andere als wehmütigen Lächeln hinzu: ‹1958 hatte ich in Wien einen großen Theatererfolg. Von da an strebte ich wirklich vom Film weg und zu neuen Ufern. Es folgten meine großen Tourneen.›»[27]

Die Zeit für Filme ihres Genres war zu Ende. Dazu kam noch, daß der Typ der leicht verruchten großbürgerlichen Frau in der Nachkriegszeit überholt wirkte, es gab plötzlich so viele Sünderinnen. Die «Femme fatale» war der «Sexbombe» gewichen.

Ihre Stärke war in der Tat nach wie vor die Bühne, wo sie ihre Karriere begann. Hier war sie in ihrem Element. Die Kritiker zeigten sich beeindruckt von ihrer Vitalität und Persönlichkeit, und das Publikum jubelte ihr überall zu. Besonders in Berlin hatte sie eine treue Anhängerschaft.

Jedes Jahr gastierte sie ein- bis zweimal in dieser Stadt, im Sommer in der Waldbühne, dann Pfingsten oder Weihnachten im Sportpalast. Damals kamen noch viele DDR-Besucher in den Westen, es gab die Möglichkeit, alle Karten zu kulturellen Veranstaltungen 1 : 1 mit Ostgeld zu bezahlen. Nach dem Mauerbau blieben ihre Ost-Berliner Anhänger aus, das war sicherlich auch ein Grund, warum Zarah den Sportpalast nicht mehr so ohne weiteres füllen konnte.

Als sie nach dem Krieg in Berlin 1949 ihr erstes Konzert gab, und mit riesigem Lampenfieber Wiedersehen mit den Berlinern feierte, rief ein Unbekannter ihr mit herzlicher Schnauze zu: «Zarah hab keene Angst, wir tun dir nischt.» 1955 feierte das Publikum «seine Zarah» im Sportpalast überschwenglicher als je einen Sechs-Tage-König. Dazu *Der Abend* vom 12. April 1955:

«Diesen Empfang hatte sie wohl selber nicht erwartet. Und wenn Zarah je in ihrem Leben Lampenfieber gehabt hat, dann war das am Sonntagabend. *‹Yes, Sir!›* sang sie, und ihre Hände zitterten. *‹So bin ich und so bleibe ich›*, sang sie und ihre Hände zitterten noch immer. Aber als dann der erste Beifallssturm aufbrauste, die Stuhlsitze klap-

Die Zeit …

perten und trampelnde Füße das wacklige Parkett des Sportpalastes zum Dröhnen brachten, stand sie da wie früher – beherrscht und beherrschend!»

Sie selbst sagte einmal: «Berlin ist meine zweite Heimat.» Immer wieder kam sie gern in diese Stadt, wo sie ihr treuestes Publikum zu haben schien.

«Zarah Leander, von ihrem Gut in Schweden in die Berliner Waldbühne kommend, fand dort bei einer abendlichen Freiluftveranstaltung einen herzlichen Empfang. Bei ihrem Erscheinen auf der Bühne zündeten 20000 Berliner ein Streichholz an. Und Zarah darauf: ‹In der ganzen Welt habe ich derartig Schönes nicht gesehen, und ich schäme mich auch nicht der Tränen, die mir bei diesem Anblick kamen.›»[28]

Zum erstenmal seit 1936 bekam Zarah Leander 1958 wieder das Angebot, eine Bühnenrolle zu spielen, in *‹Madame Scandaleuse›* nach dem Schauspiel *‹Frau Warrens Gewerbe›* von George Bernard Shaw.

Sie kam ja von der Bühne, von 1929 bis 1936 war sie in Revuen, Operetten und Lustspielen in Schweden aufgetreten. Mit *‹Madame Scandaleuse›* gastierte sie 1959 in Berlin im Titania-Palast. Elvira Reitze schrieb über ihre Ankunft:

«‹Menschenskind, ick wer verrückt, unsere Zarah›, sagt ein ahnungsloser Augenzeuge herzlich. Flammend rothaarig, mit der riesigen Sonnenbrille, an der auch begriffsstutzige Gemüter zu erkennen pflegen, daß es sich hier um etwas prominent Umwittertes handeln muß, und auf sehr schlanken und hübschen Beinen zieht Zarah Leander vor dem Schwarm von Presse und Verehrern ins Flughafenrestaurant ein.

Wer jedoch jetzt die große Schau des ‹großen Stars mit allen Launen› erwartet hat, muß sich sehr wundern: Madame scandaleuse ist nicht fürs Skandalöse. Sie möchte keinesfalls die ‹üppige Rose› aus dem Poesie-Album sein, ‹die immer bewundert sein will›. Das Decolleté, das an der entscheidenden Stelle nur durch eine Nadel locker zusammengehalten wird, der üppige Schmuck an den Händen, die ganze auffallende Erscheinung – gewiß.

Aber sonst gibt sie sich eher in der Art einer sehr wohlsituierten Gutsherrin: etwas nervös, aber beherrscht, ganz dynamische Würde und disziplinierter Vulkan, der offenbar vornehmlich auf der Bühne ausbricht ... Schmaler ist sie geworden und sieht wirklich großartig aus. Sie war ja nie die personifizierte ‹holde Jugend›, sondern immer das, was man so ‹voll erblüht› nennt – dieser Typ hält sich nun mal wunderbar.»[29]

Als sie 1961 auf dem Flughafen Tempelhof empfangen wurde, spielte man auch ihren Erfolgsschlager: *‹Ich weiß, es wird einmal ein Wunder geschehn›*. Im Taxi, das sie zum Hotel brachte, wischte sie sich verstohlen ein paar Tränen der Rührung ab. Darauf trocken der Berliner Taxifahrer, wohl auf Zarahs ausgeprägte Sparsamkeit anspielend: «Na, nu ween ma nich, Zarah! Dir fahr ick ja umsonst.»

Aber nicht nur das Berliner Publikum erlebte Zarah Leander immer wieder auf der Bühne, sie gastierte in allen größeren Städten des deutschsprachigen Raums. Ihre Ausstrahlung wertete die oft mittelmäßigen Stücke zu gefeierten Ereignissen auf. Dazu der *Münchner Merkur*:

«Man könnte die Frage stellen, was von dem Stück, das sich kühn eine Operette nennt, noch bliebe, wenn es keine Zarah Leander gäbe. Aber diese Fragestellung ist ungerecht, denn ohne diese Frau gäbe es die Madame scandaleuse kaum im Deutschen Theater. Die Premiere war ausverkauft, aber das dürfte vermutlich keine Überraschung gewesen sein. Dafür gab es eine andere: Die Jungen, Teenager waren am Schluß drauf und dran, die Bühne zu stürmen. Was wissen sie von den großen Ufa-Filmen, die vor zwanzig Jahren gedreht wurden? Nichts. Sie kennen vielleicht ein paar Lieder und trotzdem ... Woher kommt diese Faszination über ein Drittel Menschenleben hinweg?»[30]

Es folgten immer wieder große Konzerttourneen und Auftritte in Musicals wie *‹Lady aus Paris›*, *‹Wodka für die Königin›* oder in der Operette *‹Eine Frau, die weiß, was sie will›* zwischen Wien, Berlin, Hamburg, München und Stockholm. Das Zirkuspferd (Zarah über Zarah) gönnte sich kaum eine Pause. Einmal auf die Strapazen ihrer Tourneen angesprochen, antwortete sie:

«Einen Tag konnte ich aus technischen Gründen während meiner letzten Tournee nicht auftreten, und das war für mich der furchtbarste Tag während der Tournee. Wissen Sie, man singt jeden Abend. Jeder ist gespannt, so um halb sieben, sieben: So, jetzt muß ich mich anziehen, schminken, frisieren. Ja, und an dem Tag waren wir alle ein bißchen doof. Wir wollten ins Kino gehen, wir sind nicht gegangen. Wir saßen alle da wie die Irren. Ja, so ist es eben bei uns Künstlern. Wir sind irgendwie Zigeuner. Wir müssen auftreten, müssen, müssen, müssen! Und das ist das Schöne.»[31]

Die Musicals waren eigentlich immer nur ein Vorwand für die Begegnung mit Zarah Leander. Sie war der Star und agierte so souverän wie bei ihren Konzerten. Sie kam nicht auf die Bühne, sie *trat* auf. Um sie herum schwebte eine Aura von Hoheit, von gelassener Ruhe. Der statuarische Körper unterstützte diese Ausstrahlung, und nur die großen Gebärden der Arme und Hände brachten Bewegung in ihre Auftritte. Bei den letzten Takten ihrer Lieder riß sie mit einer weitausholenden Geste die Arme nach oben, als wollte sie sagen: «So bin ich und so bleibe ich!»

«Sie kommt im langen weißen Kleid, mit langer weißer Nerzstola, den bekannten roten Haaren und der bekannten Frisur, geht in Positur, holt Luft und singt ... Der berühmte Alt erklingt, begleitet von kurzen, intensiven, gekonnten Bewegungen und dem großen ‹Ufa-Blick›. Schon nach den ersten Takten hat sie alles an die Wand gesungen, Zweifel hinweggefegt: das gewisse Etwas, der geheimnisvolle Funke sprang über die Rampe. Sie kam, sah und siegte. Das Publikum war hingerissen. Aber es ging noch weiter. ‹*Wenn der Herrgott will ...*› war das nächste Lied, und das ‹L› hing im Raum wie ein Kronleuchter im Ufa-Atelier, und die Zuhörer waren begeistert wie einst von ihren Filmen. Doch noch nicht genug: die eine Hand in die Hüfte, wie auf Befehl des Regisseurs, wird der Kopf zurückgeworfen, ‹Achtung, Aufnahme›, und dann erscholl mit unvergleichlicher Vehemenz die Frage: ‹Kann denn Liebe Sünde sein?› Sie sprach es, und das Publikum tobte. Dann sang sie erst, und das hatte Format, wie sie es machte. Die Augen wurden groß, die Stimme tief und die Leander war ganz Ausdruck. Was sie jetzt gab, war nicht mehr Routine, die Komödiantin leckte Blut und faszinierte.»[32]

Ihre Bewegungen wirkten spontan, vieles war dem Zufall überlassen. Beim Publikum kam der Eindruck der fehlenden Perfektion besonders gut an, es liebte den lockeren Ton ihrer Conferencen, in denen sie sich selbst gern ironisierte und den Mythos von der unnahbaren Leinwandgöttin ihrer Jugend zu zerstören suchte. Der schwedische Rezensent Teddy Nyblom schrieb sehr treffend über ihre Konzerte, daß ihr Genre zwar nicht das vornehmste sei, *sie* aber die Vornehmste ihres Genres.

«Zarah kam in einem Kleid, das sich nicht mit einem Satz beschreiben läßt. Hinten hellenisch, vorne Pierre Balmain und in der Mitte auch noch ziemlich geräumig. Der Schmuck war echt. Die Stimme auch. Unverkennbar, metallisch wie mehrmals gehärteter Stahl und durchdringend wie das Echolot eines Übersee-Dampfers. Sie ließ den Wind ein Lied erzählen, daß es bis in die letzte Reihe erinnerungsfroh säuselte. Und mit dem Chanson ‹*Warum soll eine Frau kein Verhältnis haben?*› bewies sie der kompaniestarken Garde junger Schlager-Schaffenden, daß sie immer noch die große Diseuse ist.» [33]

Das Lied ‹*Warum soll eine Frau kein Verhältnis haben?*› begleitete die Karriere der Zarah Leander, sie hatte bereits 1933 in Schweden damit großen Erfolg gehabt, parallel zu Fritzi Massary, die es zur gleichen Zeit in Berlin sang. 1959 nahm Zarah diesen Titel in Berlin erneut auf, es wurde aber in der prüden Adenauer-Ära nicht sofort veröffentlicht mit der Begründung der Plattenfirma, daß man so etwas zur Zeit nicht auf den Markt bringen könne.

«Auf ihre Chansons stürzt sie sich wie eine Löwin, die liebevoll ihr Junges leckt, wo der Vortrag eher champagnisieren soll, wie etwa in der gesungenen Frage, warum eine Frau kein Verhältnis haben soll, vermag Zarah Leander das auch, aber es ist gewissermaßen Zyklopenchampagner, in dem jedes moussierende Bläschen Kinderkopfdimensionen hat.» [34]

Auf der Bühne war sie nicht mehr die mütterlich Liebende, die edle Kunstfigur ihrer Ufa-Filme, hier konnte sie ihren ungezähmten Leidenschaften freien Lauf lassen. Die Wandlung zur Charaktersängerin, die man ihr im Film nicht gestattet hatte, vollzog sich bei ihren Musical-Auftritten und Konzerten.

Als Manon Cavallini in der Operette ‹*Eine Frau, die weiß, was sie will*› von Oscar Straus hatte sie bereits am 8. September 1933 in Göteborg auf der Bühne gestanden. 1960 wurde das Stück im Raimund-Theater in Wien wiederaufgenommen und zu einer «Ein-Frau-Show» umgearbeitet, in der sich alles um Zarah Leanders Stimme drehte. Der große Erfolg der Inszenierung bewog das Theater in Göteborg, die Aufführung im Oktober 1961 auf den Spielplan zu setzen. Zarah selbst sagte nach der Vorstellung, für sie habe sich ein Kreis geschlossen, der die vergangenen 28 Jahre umschließe. Das Publikum feierte ihre Rückkehr als Manon Cavallini enthusiastisch.

«Eine Bombenrolle, der Leander fast auf den Leib geschrieben, zumindest auf beachtliche Teile davon. Das kokette Spiel mit der Verruchtheit, sei's mit Augenzwinkern, sei's durch Stimmbandsex, war seit je die Domäne Zarah Leanders … die sich singend und sprechend und in stummen Szenen äußert, die das Dekorative und Pathetische liebt, es aber auch gern mit Ironie würzt. Sie hat Herz und Humor, diese Frau, sie kann eine Unmenge, was die Diven von heute, die weniger attraktiv sind, nicht können, und noch weit mehr als das: sie hat Vergnügen, sich zu parodieren und Sinn für Komik und gebietet stets souverän über die Mittel und über die Situation, in der sie sie anwendet. Und wenn sie so, mit kurzem Rock alle Gerüchte zu Lügen stempelnd, ihre kleinen gewagten Liedchen singt, kapituliert selbst ein Verächter dieser Gattung Kunst und rekelt sich auf seinem Plüschsessel.» [35]

Die Premierengäste kamen nicht nur aus Stockholm, Oslo und Kopenhagen, sondern auch aus Hamburg und Berlin, sie pilgerten zu ihren Auftritten, wo immer «ihre Zarah» auch sang.

In den fünfziger und sechziger Jahren gab es Zarah-Leander-Fan-Clubs, die sich gegenseitig in der Verehrung ihres Stars zu übertrumpfen suchten. Hieß es, bei einer Vorstellung in Wien habe es 130 Vorhänge gegeben, erzwangen ihre Berliner Anhänger 143 Vorhänge.

Zwischen spontaner Begeisterung und dem Fanatismus organisierter Claqueure war oft nicht mehr zu trennen. Nach Stückschluß ging der Applaus in rhythmische Sprechchöre über: «Zarah, wir lieben dich!» Zuschauer überreichten Blumengebinde, auf die Bühne regneten Rosen, und Zarah mußte eine Zugabe nach der andern geben. Das Publikum wollte sein Idol nicht gehen lassen.

«In Wien trat jüngst als ‹Lady aus Paris› die Leander an die Rampe, und mit ihr schienen längst verschollene Premierenbräuche neu erwacht. Blumenkörbe in einer Pracht und Fülle, wie unsere kühle Gegenwart sie kaum mehr kennt, umgaben zuletzt die gefeierte Diva, und als der österreichische Bundespräsident nach dem 60. Vorhang das Raimund-Theater verließ, waren die Ovationen noch lange nicht zu Ende. Gleichaltrige Damen im Parkett, denen die Augen vor Rührung übergingen, feinsinnige junge Herren in den Logen, hingerissen von dieser statuesken Erscheinung, dieser mütterlichen Vaterfigur, spendeten Beifall, als wäre ein Kunstwerk, nicht ein mittelmäßiges Musical zur Uraufführung gekommen ...

Mit ein paar Schlagern – das demodierte Wort drängt sich auf – wie ‹*Ich bin eine Frau mit Vergangenheit*› oder ‹*Mich hat die Welt kaltgestellt*› gab Peter Kreuder der Leander volle Gelegenheit, ihre dunkelsten Töne in den weiten Raum zu entsenden und ihn minutenlang mit ihrem sagenhaften Lächeln, ihrem Händeflattern, ihrer mächtigen Präsenz so völlig auszufüllen, daß man ohne weiteres kapitulierte, dem Phänomen solcher Ausstrahlung kritiklos ausgesetzt.»[36]

Übrigens hat Peter Kreuder seine Musicals nicht für Zarah schreiben wollen, wie wir seinem Lebensbericht ‹*Nur Puppen haben keine Tränen*› entnehmen. Allerdings wären sie ohne Zarah auch nicht zur Aufführung gekommen und sind heute längst vergessen.

Die Presse, Wien, vom 24. Oktober 1964 zum Beispiel meinte zu dem Musical ‹*Lady aus Paris*›: «Doch kommt man zu Peter Kreuder, zur Musik, so muß man leider sagen: mit dem Musical ist es wieder nichts.»

Die Frage ist in der Tat zu stellen, was aus Zarah Leanders Musical-Karriere geworden wäre, wenn ein Komponist von Format, der von ihrer Persönlichkeit inspiriert worden wäre, mit ihr zusammengearbeitet hätte. Einer, der ihrer Stimme andere Anlässe hätte verschaffen können, als es die beiden Kreuder-Musicals ‹*Madame Scandaleuse*› und ‹*Lady aus Paris*› zuließen. In früheren Jahren hatte es ja auch solch befruchtende Zusammenarbeit durchaus gegeben, mit dem Komponisten Michael Jary und dem Textdichter Bruno Balz zum Beispiel. Auch ihre letzte Langspielplatte ‹*Fenster meines Lebens*› (1977) läßt etwas davon ahnen, welche Möglichkeiten nicht ausgeschöpft wurden.

Die Leander und Peter Kreuder mochten sich nie, dafür gibt es viele Gründe. Der unwesentlichste war, Zarah mochte keine kleinen Männer, und Kreuder konnte mit einer Frau wie der Leander nichts anfangen. In seiner Biographie liest sich dies so:

«Es gab nach dem Krieg noch zwei Versuche von mir, mit Zarah Leander zusammenzuarbeiten. Der eine erfolgte freiwillig, der andere weniger freiwillig. 1957 komponierte ich das Musical ‹*Madame Scandaleuse*›, ein Jahr darauf wurde es in Wien im Raimund-Theater uraufgeführt. Die scandaleuse Madame war Zarah Leander. Wir nannten sie immer Klara Zylinder, und ich mußte mir bei den Interviews große Mühe geben, um mich nicht zu versprechen. Nach dem Erfolg in Wien wurde das Musical in fast allen Städten der Bundesrepublik aufgeführt, natürlich immer mit Zarah Leander. Aber nicht mit mir.

Ich hatte damals schon viel Ärger mit der Madame. Ich hatte Ärger mit den Änderungen, die ohne meine Einwilligung durchgeführt wurden und konnte es nicht ertragen, in welcher Form das Musical bisweilen über die Bühne ging …

Als ich wenige Jahre später den Auftrag erhielt, die Musik zur ‹*Lady aus Paris*› zu schreiben, brach ich innerlich zusammen, als der Verleger Kurt Desch mir die Mitteilung machte: ‹Die Leander wird die Hauptrolle spielen.›

‹Muß das sein?› stöhnte ich.

Es mußte sein. Es lagen noch Verträge vor, die erfüllt werden sollten, und außerdem hatte man keine andere Schauspielerin zur Auswahl. Ich war bei der Einstudierung der ‹*Lady aus Paris*› nicht dabei, weil ich mich auf einer Konzertreise befand.

Erst wenige Tage vor der Premiere kam ich nach Wien. Es war zu spät, um noch einzugreifen. Das ganze Stück bestand mittlerweile nur noch aus einem Stück. Dieses Stück hieß Zarah Leander.

Ich sollte die Premiere dirigieren, also hatte ich schließlich die Verantwortung. Ich schlug einen Riesenkrach und fegte in die Wohnung der Zarah, in der es nach Moschus duftete und die stets angefüllt war von vielen Leuten, die alle auf irgendeine Weise mit Hormonschwierigkeiten zu kämpfen schienen. Hier hätte ein geschäftstüchtiger Chirurg eine Sammelbestellung für Geschlechtsumwandlungen aufnehmen können, vielleicht hätte das die Atmosphäre etwas normalisiert. Wir gerieten uns fürchterlich in die Haare und sagten uns die Meinung, die jeweils nicht die beste war …

Zarah Leander gehörte zu den Frauen, denen ich oft begegnet bin. Es wurden Begegnungen, die von Mal zu Mal einen stärkeren Mangel an Herzlichkeit aufwiesen. Auf die Gefahr hin, daß man mich im Kreise ihrer Anhänger totschlägt – die Gefahr ist nicht sehr groß, da ich freiwillig kein Transvestitenlokal betrete –, muß ich zugeben, daß ich bis auf eine oder zwei Ausnahmen noch keine Frau erlebt habe, die so böse sein kann wie Zarah Leander.» [37]

Diese Textpassagen sprechen für sich. Erstaunlich ist nur, sie aus dem Mund eines Mannes zu hören, der sich rühmt, Freundschaften und künstlerische Begegnungen mit Stars wie Marlene Dietrich und

Greta Keller gehabt zu haben, die ja das gleiche Publikum wie Zarah Leander ansprachen.

Es muß ihn wohl sehr verunsichert haben, daß Zarah Leander durch ihre hermaphroditische Ausstrahlung für viele Homosexuelle ein Idol besonderer Art war. Für sie selbst war es nie ein Problem, sie hat es gewußt und aus ihrer Sympathie für die Homosexuellen nie einen Hehl gemacht. Weder im Dritten Reich noch unter Adenauer oder später. In ihren Memoiren ist folgendes zu lesen:

«Viele Menschen haben sich über meine Freundschaften mit homosexuellen Männern gewundert. Ich habe diese Freundschaften sogar während des Krieges aufrechterhalten und wurde deshalb einmal zum Chef der Ufa gerufen. Er warnte mich vor dem Umgang mit Homosexuellen. Doch ich weigerte mich hartnäckig, mir in dieser Frage Vorschriften machen zu lassen. Meine Freunde in der Freizeit suche ich mir selbst aus. ‹Es kann zu schrecklichen Komplikationen kommen›, fügte der Ufa-Chef hinzu. ‹Bitte, das nehme ich in Kauf›, antwortete ich damals. ‹Als Schwedin habe ich eine andere Auffassung als Sie.› …

Ich bin immer der Ansicht gewesen, daß Homosexuelle Menschen sind wie wir anderen. Sie unterscheiden sich von uns nur auf einem Gebiet, nämlich in ihren sexuellen Auffassungen und Gewohnheiten … Ich habe noch heute eine Menge homosexueller Freunde und schäme mich ihrer keinen Augenblick.» [38]

Auch zur Jugend der siebziger Jahre hatte sie ein unkompliziertes Verhältnis:

«Großartig! Ich mag diese langhaarigen Typen, die sich die Freiheit herausnehmen, ihr Leben nach ihrem ureigenen Geschmack zu gestalten. Immer wenn ich in Amsterdam bin, miete ich mich in das Hotel ein, das einem bekannten Hippie-Treffpunkt gegenüberliegt. Da sitze ich dann am Fenster und treibe meine Studien.» [39]

64 1948

65 Titelbild *Der Spiegel*, 1949

66 1949

67 Erstes Konzert in Schweden, 1949

68 1949

69 Ankündigung für den Film ‹*Gabriela*›. Berlin 1950

70 ‹*Gabriela*›. Hamburg 1950

71 *‹Gabriela›*. Hamburg 1950

72 *‹Gabriela›* mit Grethe Weiser. Hamburg 1950

73 ‹*Gabriela*› mit Carl Raddatz. Hamburg 1950

74 ‹*Gabriela*›. Hamburg 1950

75 Mit Grethe Weiser, 1950

76 Konzerthaus-Saal Wien 1951

77 Stockholm 1951

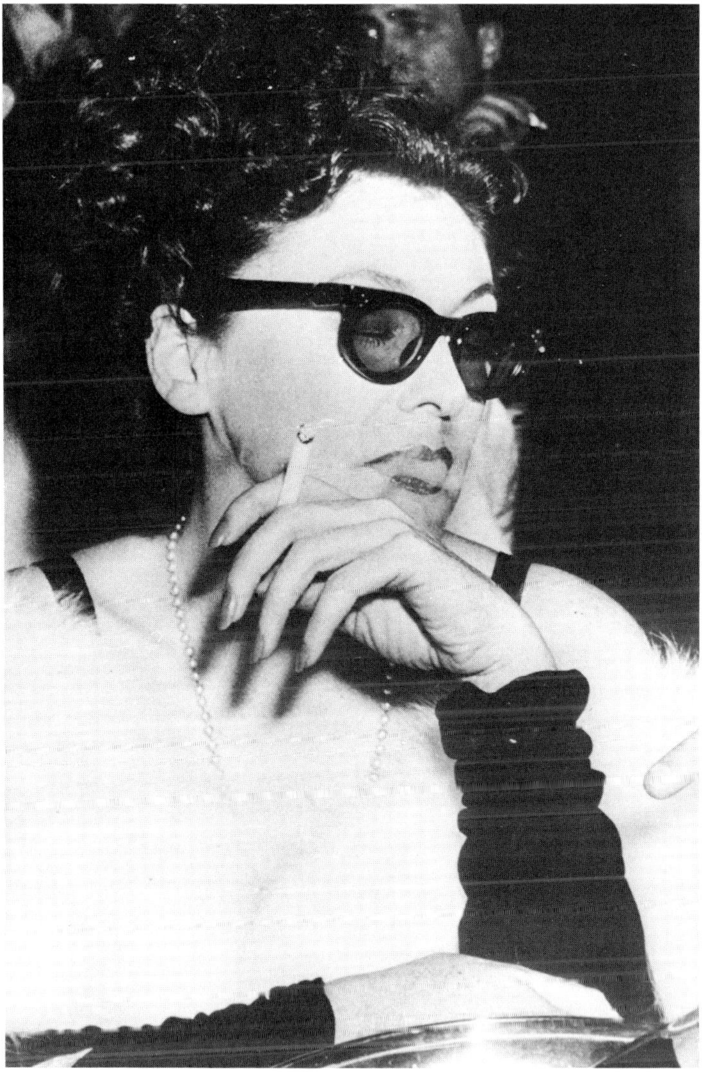
78 Filmball. Düsseldorf 1952

79 ‹*Cuba Cabana*› mit O. W. Fischer und Paul Hartmann. 1952

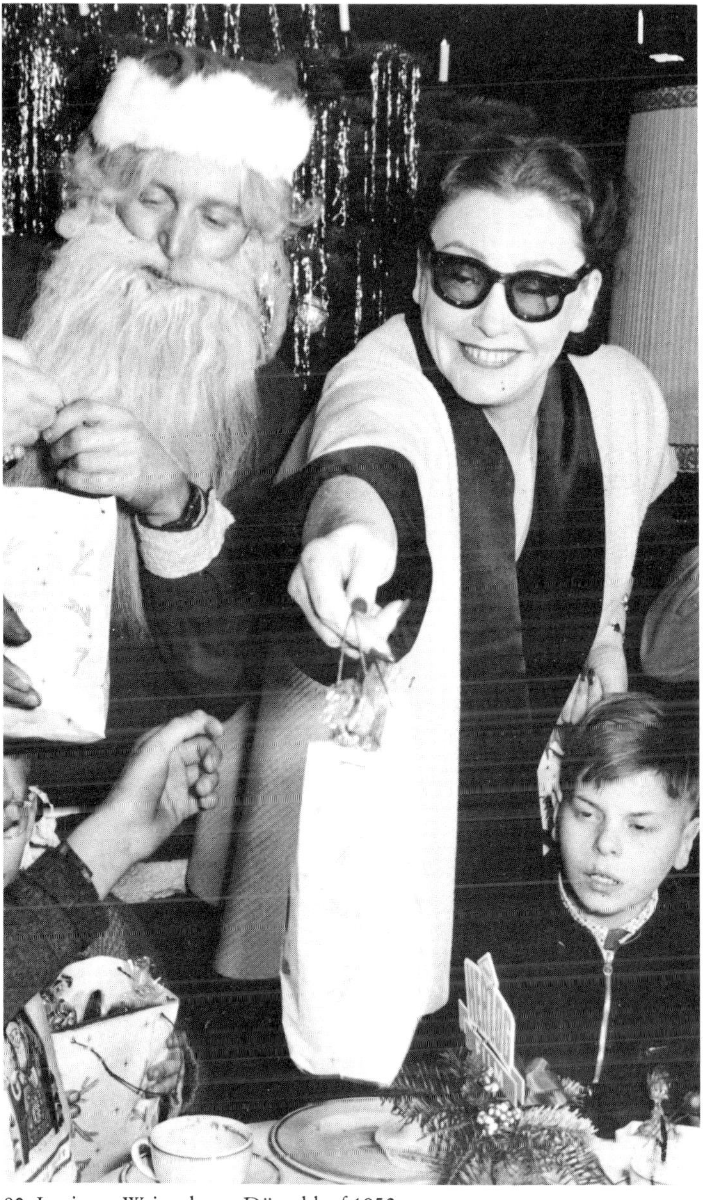

80 In einem Waisenhaus. Düsseldorf 1952

81 Autogrammstunde, 1952

82 ‹*Ave Maria*›. 1953

83 ‹*Ave Maria*› mit Hilde Körber. 1953

84/85 *‹Bei Dir war es immer so schön›* mit Heinz Drache
und Georg Thomalla. 1954

86 *‹Bei Dir war es immer so schön›*. Premiere Frankfurt a. M. 1954

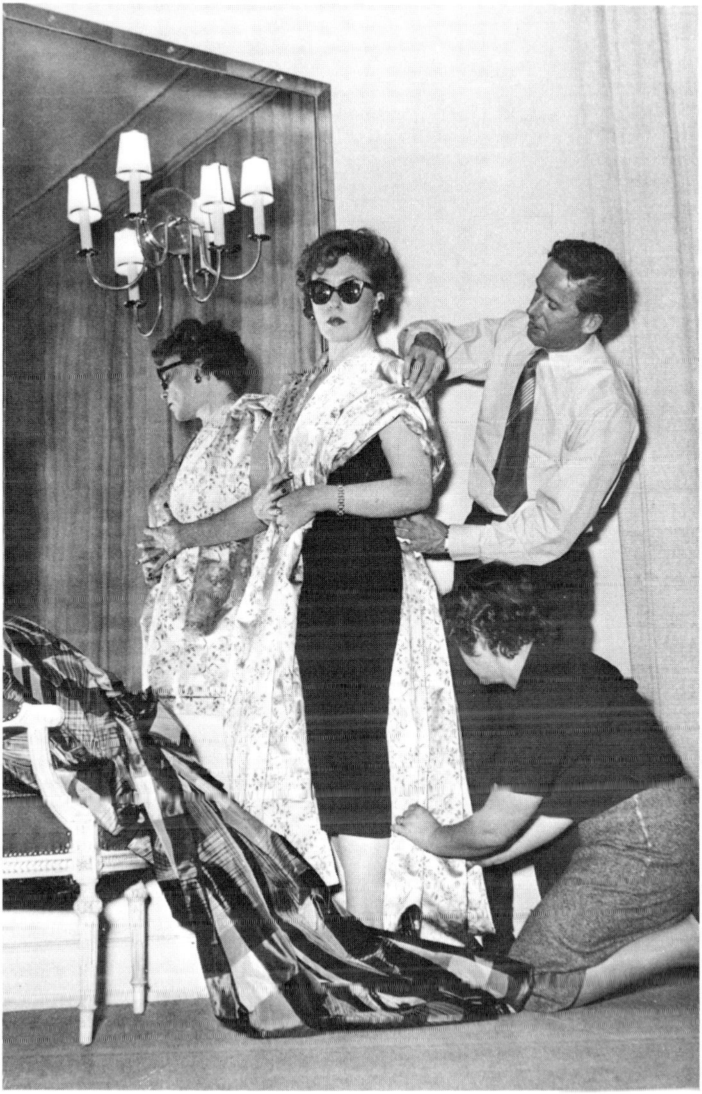

87 Mit Heinz Oestergaard. Berlin 1954

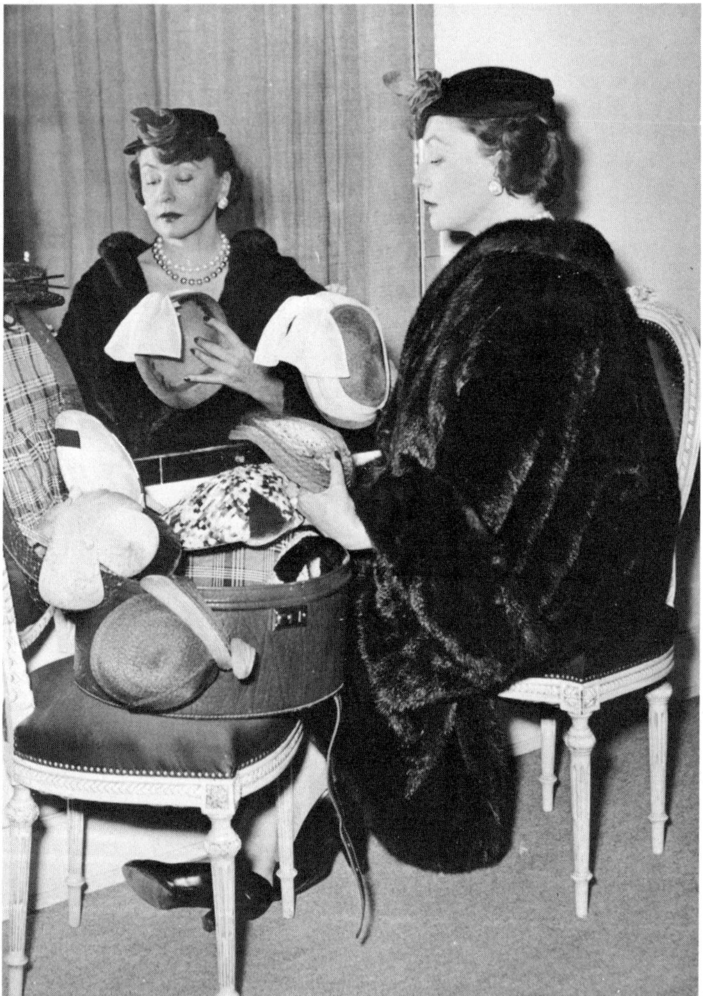

88 Modestudio Heinz Oestergaard. Berlin 1954

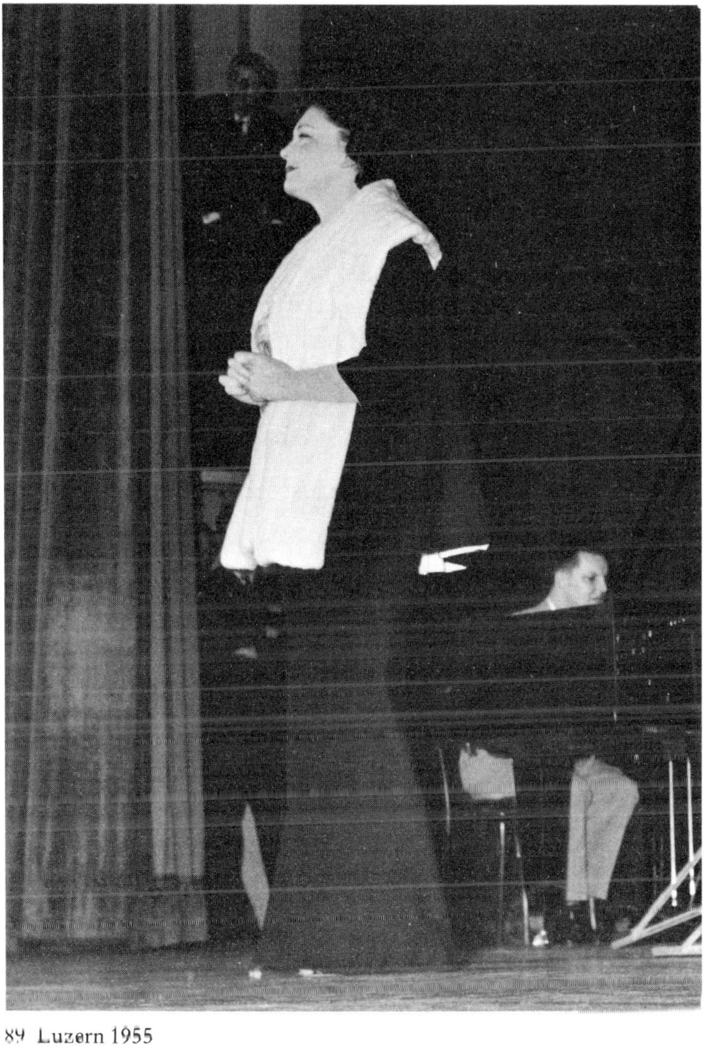

89 Luzern 1955

90 Variete Berns. Stockholm 1955

91 Waldbühne. Berlin 1957

92 Mit ihren Kindern, 1938

93 Mit Enkelkind Niklas, 1956

94 Mit Arne Hülphers, um 1957

95 Filmball mit Max Schmeling. Berlin 1959

96 Flüchtlingslager. Berlin-Marienfelde 1959

97 Flughafen Tempelhof mit Arne Hülphers. Berlin 1959

98 ‹*Madame Scandaleuse*›. Berlin 1959

99 ‹*Madame Scandaleuse*›. Berlin 1959

100 ‹*Madame Scandaleuse*›. Berlin 1959

101 ‹*Madame Scandaleuse*›. Berlin 1959

102 ‹*Der blaue Nachtfalter*›. 1959

103 ‹*Der blaue Nachtfalter*› 1959

104 *‹Der blaue Nachtfalter›* mit Christian Wolff. 1959

105 *‹Der blaue Nachtfalter›*. 1959

106 Georgspalast. Hannover 1960

107 Kaiserhof. Köln 1960

108 Kaiserhof. Köln 1960

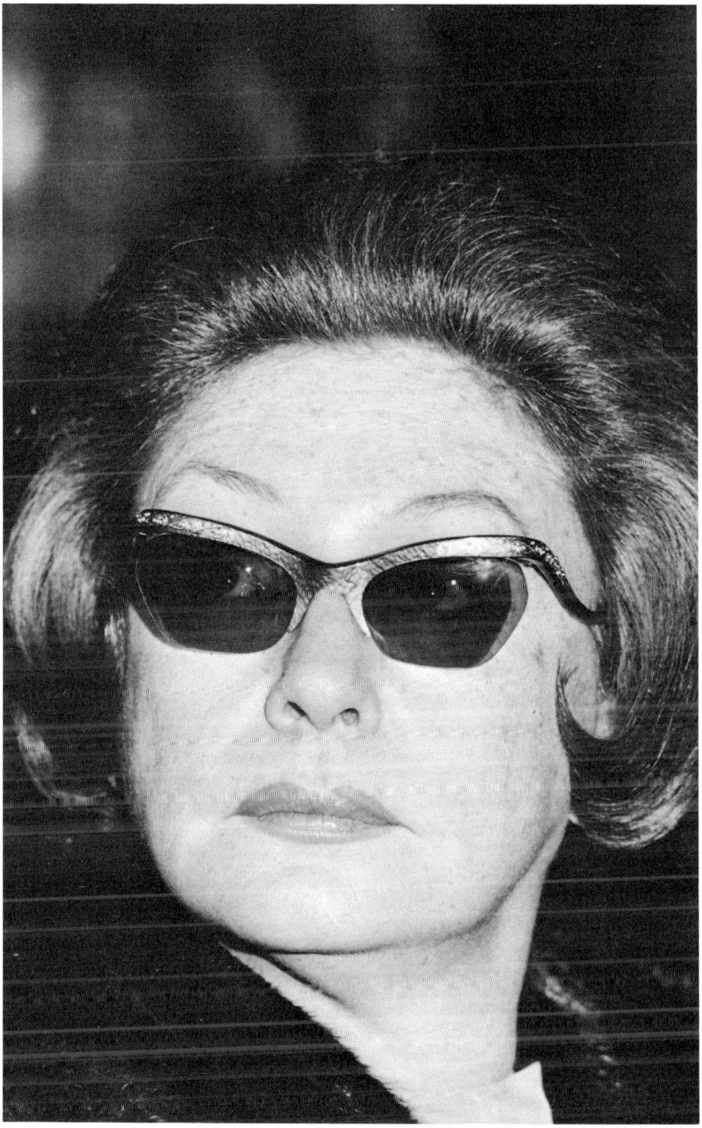

109 1962

110 1963

111 1964

112 Lönö, Schweden 1964

113 Lönö, Schweden 1964

114 ‹*Lady aus Paris*› mit Paul Hörbiger. Raimund-Theater, Wien 1964

115 ‹*Lady aus Paris*›. Theater des Westens, Berlin 1965

116 Berlin 1965

117 ‹*Das gewisse Etwas der Frauen*› mit Robert Hoffmann. 1966

118 Mit Bruno Balz. Berlin 1967

119 ‹*Wodka für die Königin*›, Operettenhaus, Hamburg 1968

120 Mit Willy Brandt, 1972

121 Lönö, Schweden 1972

Der lange Abschied

1973 startete Zarah Leander eine große Abschiedstournee durch sieben europäische Länder. Es sah so aus, als wollte sie sich endgültig zurückziehen. Aber schon während der Tournee verkündete sie:

«Einen Abschied für immer bedeutet diese Abschiedstournee freilich nicht. Hier und da will ich schon noch auftreten, auf Galas oder Wohltätigkeitsfesten, was man halt in meinem Alter noch so machen kann. Ich bin ein altes Zirkuspferd, sobald ich die Manege wittere, muß ich raus.» [40]

Im Theater des Westens verabschiedete sie sich im Oktober und November 1973 von ihrem Berliner Publikum:

«Das Theater des Westens war innerhalb von Stunden ausverkauft, nur schwer sänftigt sich das Jubeln und Trampeln schon zu Beginn, als die Hünin … in weißer Riesenboa, die schweren Hüften von weißer Seide eng gepanzert, über uns kam: Fast zum Fürchten, mondäne Wotansgattin, die Contradictio quält. Später wechselte sie noch mehrmals die pompösen Roben, sie machen Zarah hübscher, wenngleich nie ganz zum Menschenweib.

Das Transvestitenhafte, die rohe Wucht dieser absonderlichen Erscheinung, die – neben dem bürgerlichen Erinnerungspublikum aller Stände – in schier kaum glaublichen Scharen junge Männer anlockt, entspricht wie einer geheimen Übereinkunft dem bizarren Kontra-Alt dieser Stimme …

Wie sind diese zum Teil ja wirklich weltläufigen, schnoddrig-emanzipierten Lieder, ihre hie und da fast süchtigen, schick schleifenden Melodien in die gedrückte Welt der sonst so ehrpingeligen, kleinbürgerlichen, blauäugig-strammen Nazis überhaupt einzubringen gewesen? Dergleichen war doch wohl undeutsches Liedgut und schon fast destruktiv? Zu vermuten steht: Frau Leander ... ist dieser gewisse ideologische Widerspruch gar nicht erst bewußt geworden.

Zuweilen klatscht das Parkett begleitend den Takt, die Luft zittert vor Lust; Zarah, das Fischweib, die Kurtisane, die Liebende, das Seelchen, die Lyrische – Fades, Anzügliches und klobige Eleganz, alles, alles ist den Leuten fast gleichermaßen recht.»[41]

Auch der zweite Abend im Theater des Westens im November 1973 war als «letztes Konzert» angekündigt. Die Abschiedsvorstellungen verselbständigten sich zu einem Ritual, das in zwanghafter Regelmäßigkeit wiederkehrte. Die Huldigung an die eigene Erinnerung stand für das Publikum im Vordergrund, Zarah wurde zum Anlaß, die Vergangenheit heraufzubeschwören.

«Wer nahm hier Abschied von wem? Berlin von der ‹roten Zarah› oder der Star von Babelsberg von Berlin? Versteckte Tränen auf beiden Seiten. Von der Bühne, weich, wie ein zartes Gespräch: ‹Ich liebe Berlin.› Aus dem Parkett: ‹Berlin liebt dich, Zarah.› – und Jubel. Sechs Jahre, zehn Filme und die Schallplatten haben genügt, um die rothaarige Garbo, die man einst in ihr suchte, zu jenem Star zu machen, der manchen Mannes Traumfigur wurde. Der Glamour, der Pomp, das freche Lachen von einst: gedrängte Verhältnisse verlangten nach Kompensation.

Auf der kahlen Bühne im Theater des Westens stand nun eine schwer gewordene, sich schwer bewegende Frau. Aber die bekannten Signale waren gesetzt: das Lächeln, das das flächige Gesicht strahlend überläuft, das rotgoldene Haar, die Dramaturgie mit der Garderobe, weiß, wallendes Goldbrokat, enges Schwarz und das große Dekolleté aus dem Auftrittsvorrat der großen Damen. Aber nun alles ohne Scheinwerferhintergrund, ohne Chöre, ohne die Hollywood-Ambition des Goebbelsschen Filmreichs. Ein Relikt; eine Entkommene, eine Erinnerung an die Träume, die damals mancher, der jetzt noch die Reihen füllte, am Büro-Schalter, in den engen Küchen von 1940 geträumt und auf die kommende Generation durch Erzählung vererbt hat. Erinnerung will Erinnerung: Jäh trifft das noch einmal aufeinander: der Star und die Masse der kleinen Leute, die ihre Deformation aus alter Erziehung noch mit sich herumtragen.

Der Einsatz ist ungeheuer. Der tiefe Leander-Ton, der mit dem

‹Ich weiß› (es wird einmal ein Wunder geschehn) laut herausbricht, fährt so dröhnend in den Saal (der Kontra-Alt durch Mikrofon noch einmal verstärkt) und die Wand über die Ränge herauf, daß man meint, die Galerie breche ab, man stürze in den Keller; der Resonanzraum dieser Brust muß so groß sein wie der Raum des Theaters einschließlich Unterbau. Nie habe ich einen stärkeren tiefen Tonschlag gehört als diesen; ein Regiment singender Dragoner ist ein Knabenchor gegen den umwerfenden Angriff.

Ist das noch die Leander von damals? Die alten Lieder haben noch die alten Details: ‹Der Winnnnnd-e›, der kurze Nachschlag des überartikulierten d, die lyrischen Frakturen, die abrupten Übergänge vom Dröhnen auf das Flüstern, das Pathos, das sich immer des Wortes Liebe bedient; aber die rrrrrrrs rollen jetzt noch lauter, der Schmerrrrrrrz rattert länger, die Seufzer (‹ach – auf was?›) sind noch deutlicher, alles ist isolierter voneinander, noch monumentaler, als wolle sie die persönliche Attitüde von einst noch einmal – Erwartungen bedienend, Erinnerungen verstärkend – vergrößern.

Die Attitüden dieser Frau, die sich lieber Chansonsängerin als Schauspielerin nennt, sind fest eingeprägt im Publikum. Sie braucht sie nur abzurufen. Ihrer Stimme fehlt nun auch das elastische Schwingen, das jenes ‹*Kann denn Liebe Sünde sein*› einst zu ihrem heitersten Lied machte; die hier im Raum sind, wollen nur, daß noch einmal kommt, was damals war. Kaum intoniert sie den schneller werdenden Taktschlag von ‹*Nur nicht aus Liebe weinen*›, schon zuckt es in tausend Beinen, die Muskelmaschine läuft – man hört es am Mittrampeln, wie alt war man damals, wo hat man das mitgesungen, wie rauschend war die Ballnacht? Diese von Film zu Film erneut mehr monumentalisierte, über ihre Selbstironie hinaus vergrößerte Schwedin hat die Träume der Kleinbürger entfacht und die Illusionen, die in den Küchen, Büros und Schlafzimmern lauern, aufgetrieben. Eingesetzt in die Dispositionen der Filmindustrie als ‹die Frau von Format›, hat sie das enorme Weib verkörpert, das Scheinbild einer Emanzipierten und die Sehnsucht nach Ruhm und Glanz …

Vom ‹Damals› kam dieser Abschiedsabend in Berlin nicht los, obwohl die Leander nach dem Krieg doch eine zweite Karriere begann. Aber die zweite war nichts als die Fortsetzung der ersten (aber frei von politischen Implikationen). Sie konnte sie fortsetzen, weil Erinnerungen und Sehnsüchte erst mit der Gesellschaft sterben, zu der sie gehörten. Die Schallplatte trägt die Stimme von damals, die an diesem Abend so wild, so exzessiv, so übertrieben, so manieristisch erscheint, mit der einstigen Elastizität, dem Witz und der flinken Ironie weiter. Das trägt der Gealterten auch soviel junge Leute noch zu. Sie spüren vielleicht die Reste einer Faszination.

Daß an diesem Abend auch ganze Gruppen schöner Männer in schwarzen Samtanzügen, gestickten Hemden herbeiströmten, ihr Ovationen brachten, gehört zur Geschichte ihrer Auftritte. In bestimmten Momenten, wenn die tief losbrechende Stimme alle Erwartungen an weiblichem Ausdruck von ihr wegreißt, steht sie auf der Bühne wie das Monument eines Hermaphroditen. Ihre Tonstürze sind wie Axthiebe, mit denen ein Mann aus der Frau sich heraustrennt; erst eine lyrische Passage führt beides wieder zusammen. Man trifft hier das seltsamste erotische Phänomen: große Geliebte, Mannweib und Übermutter.

Der öffentlich gemachte Eros von einst erinnerte hier zum letztenmal an sich. Dieser sentimentale Vorgang zitierte sich selbst: ‹Adieu – meine Zeit ist um.› Ein tiefer Blick, eine leise Stimme, einige Tränen auch von ihr. Solcher Abschied war aber innen ins Programm gepackt – aus Furcht vor Tränen.

Das Gefühl, man sei seit damals nur älter geworden, gehört zu den Irritationen, die sich mit diesem Abschied, der längst vollzogen war, verbinden. Gestorbene Gefühle lungern in dieser Stadt und haben an solchen Abenden noch einmal ihre Auferstehung. Sind die Scheinwerfer aus, kommen auch aus dem Gesicht der Leander die Furchen. – Die Stars singen heute die Echos ihrer Lieder von gestern.»[42]

Wie bei allen großen Stars gab es auch bei Zarah Leander verschiedene Quellen mit unterschiedlichen Jahreszahlen über ihr Geburtsjahr. Zu Beginn dieser Dokumentation sind drei verschiedene Quellen aufgeführt. Es ist einleuchtend, daß Zarah für sich die günstigste Jahreszahl, 1907, beanspruchte. Sie wurde nicht müde, gerade auch in der Öffentlichkeit darauf hinzuweisen.

Sie tat es nicht ohne den ihr eigenen Charme und soll daher wörtlich zitiert werden. Während eines Gastspiels im Bernhard-Theater in Zürich erzählte sie dem Publikum:

«In meiner Jugend war es sehr unvornehm, von dem Alter einer

Dame zu sprechen. Das durfte man nicht. Und auch nicht vom Geld, durfte man auch nicht reden. Heutzutage ist es anscheinend Mode, daß man nur schreibt, sie ist soundso alt und er – nein, über Männer schreiben die nichts, aber über Frauen, ja und über Geld.

Und da stand in einer Zürcher Zeitung jetzt, ich wäre 72 Jahre alt. Das ist gelogen! In den deutschen Zeitungen steht, ich wäre 75 Jahre alt. Das ist noch mehr gelogen. Ich bin 70 Jahre alt, so wahr, wie ich hier stehe, jawoll!

Aber ich meine, darüber braucht man sich gar nicht zu schämen, schauen Sie zum Beispiel, die Sarah in der Bibel, sie war sogar 90 Jahre alt und hat noch ein Kind gekriegt.» [43]

Die Frage nach ihrem Alter wurde Zarah Leander immer häufiger gestellt. Es gab Journalisten, die voyeuristisch ihre Falten und Gebrechen zählten, und die Tatsache, daß eine Frau weit über sechzig sich noch immer selbstbewußt im Rampenlicht präsentierte, als Sensation aufbauschten.

Wie empfindsam sie auf solche Berichte reagierte, zeigt ihr Leserbrief an den *Stern* (12/1963) zu einem Bericht der Illustrierten anläßlich ihres Geburtstags:

«Ich bin nach Ihrem Bericht, in dem auch von meinem 60. Geburtstag die Rede war, mit Blumen und Geschenken überschüttet worden. Doch in Schweden wird, wie in Deutschland, Urkundenfälschung mit Gefängnis bestraft. Da ich nunmehr 56 Jahre unbescholten durchs Leben gegangen bin, möchte ich bei der Angabe meines Alters bei der Wahrheit bleiben. Ich bin am 15. März 1907 geboren worden (beglaubigte kirchliche Urkunde anbei). Mir persönlich ist es gleichgültig, ob man mich 56, 60 oder, wie die Sarah in der Bibel, 90 Jahre alt nennt. Doch mein Publikum hat einen Anspruch darauf, die Wahrheit zu wissen. Zarah Leander, Lönö, Schweden.»

Jahre zuvor hat sie sich in einem Interview – wenn auch indirekt – zu den verschiedenen Altersangaben geäußert.

«Ich kann das überhaupt nicht verstehen, daß Frauen Angst haben, darüber zu sprechen, wie alt sie sind. Und bei einer Schauspielerin hätte es auch gar keinen Zweck. Man kann doch das Alter jeder Filmdarstellerin in zahlreichen Büchern nachschlagen. Und daß ich Großmutter bin – ist das etwa ein Fehler? Das mit der Wahrheit ist natürlich was anderes. Es gibt da eine Sorte von kleinen Notlügen.

Meine Mutter nannte sie ‹Frauenzimmerlügen›. Damit meint sie, man braucht ja nicht unbedingt zu lügen. Man braucht nur nicht die ganze, die volle Wahrheit zu sagen. Man kann ja auch Sachen verschweigen, und das ist ja nicht eine Lüge, oder?»[44]

Es war ein süchtiges Verhältnis zwischen dem Publikum und «seiner Zarah», aber auch in umgekehrter Richtung: Auch Zarah konnte sich ein Leben ohne Publikum nicht vorstellen.

Einige Male kündigte sie zwar einen Abschied für immer an, aber sie hielt es nie lange auf ihrem Gut Lönö aus. Die «Ware» Zarah Leander fand immer noch ein Publikum, auch wenn sich im Laufe der Zeit sowohl Ware wie Publikum veränderten. Mehr und mehr fanden ihre Auftritte vor einem an Travestie-Unterhaltung gewöhnten Publikum statt.

Da Zarah Leander zeit ihres Lebens immer «nur» Zarah Leander verkörperte und nicht die Möglichkeit hatte, wie andere Künstler entsprechend ihrem Lebensalter dem Publikum in veränderter Rolle zu begegnen (ich hätte mir immer gewünscht, sie in der Rolle der «Irren von Chaillot» auf der Bühne zu sehen), wurde es immer schwerer, die Illusionsmaschine in Gang zu bringen.

«Sie ... gehörte schließlich zu den Künstlern, die keinen Abschied von ihrem zur Treue wild entschlossenen Publikum fanden; das hörte sie am Ende auch gar nicht mehr wirklich, sondern so, wie die Erinnerung es ihm suggerierte: eine schöne, aufrechte, souveräne Chansonette, die fähig war zu heroinenhaften Gefühlsaffären wie zu ironischen Reflexionen.»[45]

Schon 1961 wurde sie einmal gefragt, ob sie sich überhaupt ein Leben ohne Bühne vorstellen könne, und die Antwort lautete damals:

«Ja, aber ich will es nicht! Wissen Sie, daß ich überhaupt die ganze Frage so eigenartig finde? Sagen Sie mir bitte, aus welchem Grund fragt man Schauspieler, warum sie dableiben, warum bleibt ein Chefredakteur, der 53 Jahre alt ist? Warum ein Chirurg, ein Rektor? Das ist ihr Beruf, ganz einfach ihr Beruf. Und genauso ist es bei mir, das ist mein Beruf. Nein, das sind Dinge, mit denen ich mich überhaupt nicht beschäftige. Solange es das Publikum amüsant findet, mich zu sehen, will ich gern auftreten.»[46]

Und Arne Hülphers, ihr Begleiter im Leben, am Flügel sowie am

Dirigentenpult fügte hinzu: «Wenn eines Tages die Direktoren die Gage herunterhandeln, dann verstehen wir natürlich, dann ist der Tag gekommen, wo wir uns zurückziehen. Aber solange es noch nicht soweit ist …»[47]

Fünfzehn Jahre später waren die beiden immer noch auf Tournee, obwohl sich jetzt schon massiv Altersgebrechen einstellten. Eine Schweizer Zeitung bemerkte dazu spitz, sie sei eigentlich nur noch eine «aufgetakelte Alte mit Gehbehinderung».

Über einen ihrer letzten Auftritte im Zürcher Bernhard-Theater schrieb der *Tages-Anzeiger*, Zürich:

«Die Szene hatte etwas leicht Fellinihaftes, halb Belustigendes, halb Beklemmendes: Wie da nämlich eine bald siebzigjährige Dame mit allerdings erstaunlicher Vitalität Evergreens von anno dazumal vortrug, leicht selbstironisch distanziert, aber doch mit voller Inbrunst und ohne Angst vor Peinlichkeiten, wenn sie, der man das Alter trotz maskenhaftem Make-up und kunstvoll ordentlicher Frisur ansah, Anzüglichkeiten kokett servierte.

An die schöne Frau, die sie einmal gewesen war, mußte man sich mit Mühe erinnern, die unverwechselbare Stimme aber, Zarah Leanders eigentliches Markenzeichen, war sich ähnlicher geblieben, höchstens eine Spur noch rauher und brüchiger geworden. Im ganzen eben doch ein starkes Erlebnis.»[48]

Auch die Anlässe ihrer Auftritte veränderten sich. Zarah war sich nicht zu schade, 1976 auch «Kaffeefahrten» mitzumachen.

«Warum soll ich nicht auf der Bühne stehen und singen, wenn um mich herum Heizöfen, Bügelmaschinen, Rheumadecken, Butter und Wein verkauft werden?

Warum soll ich nicht auf einer sogenannten ‹Kaffeefahrt› auftreten wie hier in einer Dorfhalle in der Nähe von Straßburg.

Natürlich werden sich die Leute fragen: hat Zarah Leander das nötig? Aber da kann ich nur sagen: ich brauche den Beifall zum Leben. Ich brauche den Applaus meiner Verehrer. Ob es nun 21 Zuschauer sind oder Tausende …

Natürlich könnte ich mich auch ganz auf meine Rolle als Großmutter konzentrieren. Die wenigsten Leute wissen, daß ich vier Enkelkinder habe. Aber wenn man wie ich fast ein Leben lang unterwegs war, aus dem Koffer gelebt hat, dann ist es unmöglich, von heute auf morgen damit aufzuhören und seßhaft zu werden …

Und wenn mich, was oft vorkommt, Zuschauer fragen, ob ich denn vorhabe, bis zum Lebensende auf der Bühne zu stehen, da kann ich nur immer wieder antworten: Solange mir Gott die Kraft gibt. Und es ist deshalb falsch, anzunehmen, ich hätte keine Pläne mehr. Ich werde Anfang März zwei Monate lang in Berlin auftreten. Dann sind Gastspiele in Skandinavien geplant. Und im Herbst dieses Jahres werde ich wieder Konzerte in Deutschland geben.»[49]

Die Frage, ob Zarah Leander das nötig habe, beschäftigte auch die Journalistin Gudrun Gloth:

«Ihre berühmte dunkle Brille vor den kurzsichtigen Augen, einen Zobelmantel um die Schultern und ein Sturmfeuerzeug an einer Strippe um den Hals gehängt, saß sie kettenrauchend am Fenster des Hotelrestaurants. Souverän, aber fühlbar deplaciert. Ein Paradiesvogel in der norddeutschen Tiefebene. Eine Monarchin im Exil...

Die Jahre sind an Zarah Leander nicht spurlos vorübergegangen. Trotzdem stimmt es, wenn sie sagt: ‹Ich weiß, daß ich noch attraktiv bin. Zu sehen gibt es ja nicht mehr viel bei mir, aber zu hören! Kein Mensch hat gesagt, der Maurice Chevalier sei zu alt geworden, er solle nicht mehr auftreten. Nur wir Frauen werden zu alt. Wir werden gar nicht alt! Wir haben eine größere Seele als die Männer!

Was soll ich auf Lönö? Dort ist es so scheißvornehm, daß ich umfalle. Auch meine Gäste gehen in die Knie vor Bewunderung. Das sollen sie ruhig tun. Ich sitze wie eine alte Spinne in der Ecke und freue mich darüber. Aber zwei, drei Monate pro Jahr sind mir mehr als genug. Schon nach vierzehn Tagen werde ich wahnsinnig. Arne und ich sind Künstler. Wir wollen wieder raus in die Welt. Kein Mensch hat bisher geschrieben, ich sei schlecht auf der Bühne. Nein, das nicht! Und solange mich das Publikum noch hören will, werde ich singen. Singen ist mein Leben. Ich richte mich nach keinem Journalisten. Ich trinke, was ich will. Ich rauche, soviel ich will. Ich lebe, wie ich will. Basta!›»[50]

Im März 1976 sang sie für längere Zeit in Berlin bei den «Wühlmäusen», einem kleinen Cabaret: Eine «Überlebensgroße» vor sich verkrümelndem Publikum.

«Bei den Wühlmäusen an der Lietzenburger Straße: viel zu klein diese Örtlichkeit für ihr Genre. Die Leander auch viel zu nah an den Leuten. Sie sieht so krank aus und muß einige Titel im Sitzen singen. Bei aller Verehrung wünschen die Freunde, daß sie es schaffen möge aufzuhören. Die unheimliche Frau hat um drei Jahre ihren Abschied überzogen und wohnt mit Krankenschwester im Schweizer Hof.» [51]

Dem *Spandauer Volksblatt* vom 7. März 1976 antwortete sie auf die Frage, ob es für sie nicht bequemer sei, ganz einfach von ihren Platten und Tantiemen zu leben:

«Einfacher? Sicher, in einem ganz simplen Sinn. Aber nicht so einfach für mich. Ich kann nicht zu Hause rumsitzen und die Hände in den Schoß legen. Ich brauche die Bühne, ich brauche die Scheinwerfer, ich brauche Applaus. Das ist mein Leben. Alle großen Komödianten – entschuldigen Sie, daß ich das jetzt so einfach auch auf mich beziehe, aber ich tue es eben – alle großen Komödianten und Komödiantinnen haben nicht von selbst aufgehört. Sie spielten, bis sie auf der Bühne umfielen. Ich werde das auch tun, ich kann nicht anders.»

Am 6. und 7. Februar 1978 stand Zarah Leander das letzte Mal in Berlin auf der Bühne. Ein Night Club feierte Jubiläum im Theater des Westens: *Zwanzig Jahre Chez Nous.*

Zarah Leander stand fest auf der Bühne, mit ihren großen Gesten fegte sie alle Zweifel beiseite, die Virtuosität einer großen Entertainerin hatte noch einmal gesiegt.

Ihr letzter Fernsehauftritt fand im Februar 1978 in einem deutschen Studio statt:

«Für das ZDF-Sonntagskonzert trat sie anfangs dieses Jahres trotz eines schweren Gelenkleidens vor die Kamera. Für die Zuschauer wurde es freilich die erschütternde Begegnung mit einem Star, der mit brüchiger Stimme aus der Vergangenheit erzählte. Im Nachspann sah man, wie Helfer die gebrechliche Sängerin aus ihrem Sessel hoben und untergehakt in ihre Garderobe brachten.» [52]

Einmal noch hatte sie in einem Musical auf der Bühne gestanden: im Theater an der Wien, wo 1936 ihre deutschsprachige Karriere mit *‹Axel an der Himmelstür›* begann, spielte sie ab Februar 1975 in *‹Das Lächeln einer Sommernacht›*. Es sollte ihre letzte Bühnenrolle werden.

Während einer Vorstellung am 25. März brach sie auf der Bühne zusammen und die Presseagenturen meldeten:

«Zarah Leander auf der Bühne zusammengebrochen. Die schwedische Sängerin und Filmschauspielerin ist gestern abend in Wien während einer Aufführung der musikalischen Komödie ‹*Lächeln einer Sommernacht*› im Theater an der Wien auf der Bühne zusammengebrochen. Die Vorstellung wurde abgebrochen. Die achtundsechzigjährige Künstlerin wurde nach Angaben der Theaterverwaltung in eine Klinik gebracht. Über ihr Befinden lagen zunächst keine weiteren Einzelheiten vor.»[53]

Es war nur ein Schwächeanfall. Schon nach ein paar Tagen spielte sie weiter. Mit dieser Rolle stand sie auch zum allerletztenmal überhaupt auf der Bühne, am 10. Oktober 1978, im Stockholmer Folkan-Theater, bevor sie am nächsten Tag ihre erste Gehirnblutung erlitt.

Ein paar Wochen zuvor, am 24. Juli, hatte sie nach einem Gastspiel im Stockholmer Vergnügungspark Gröna Lund ihren Lebensgefährten durch einen Herzinfarkt verloren. Erst wollte sie nie mehr auftreten ohne ihn, doch sie hoffte, ihren Schmerz auf der Bühne vergessen zu können. Ihre letzten Worte in dem Bühnenstück waren:

«Die Sommernacht lächelt für die Jungen, die gar nichts wissen. Und dann lächelt sie für die Narren, die auch nichts wissen, aber sie lächelt auch für die Alten, die alles wissen, so wie ich!»

Am 16. Juni 1979 gab Zarah Leander ihre letzte Pressekonferenz. Dort erklärte sie ihren endgültigen Abtritt von der Bühne:

«‹Ihr werdet mich nie mehr in einer Theaterrolle oder mit einem Mikrofon sehen.› Sie verabschiedete sich mit den Worten aus ‹*Das Lächeln einer Sommernacht*›, ihrer letzten Theaterrolle, die sie wegen ihrer Krankheit aufgeben mußte: ‹Die Sommernacht hat nur noch ein Lächeln übrig, ein Lächeln für die Alten, Schwermütigen und Einsamen.›

Von diesem Lächeln zehrte Zarah Leander in den letzten beiden Jahren. Sie zog sich auf ihr Gut Lönö an der südschwedischen Ostküste zurück und wollte nur noch Besuch von ihrer Familie und ihren allerengsten Freunden. Hin und wieder kam sie auch in ihre Stockholmer Wohnung. Sie war aber an den Rollstuhl gebunden, hatte Sprachschwierigkeiten und mußte immer wieder in das Krankenhaus zurückkehren.»[54]

Am 23. Juni 1981 – kurz vor vier Uhr früh – hat ihr Herz aufgehört zu schlagen. Die Presseagenturen meldeten:

«Die schwedische Filmschauspielerin und Sängerin Zarah Leander ist am Dienstagmorgen in einem Krankenhaus bei Stockholm im Alter von 74 Jahren gestorben. Als Ursache für den Tod der Künstlerin, die Anfang Mai in das Krankenhaus eingeliefert worden war, gaben die Ärzte die Folgen einer Gehirnblutung an.»[55]

Noch einmal rauschte es gewaltig im Blätterwald. Alle Publikationen berichteten an herausragender Stelle über ihr Leben und ihre Karriere, schwedische Zeitungen druckten Extrablätter. Einig waren sich alle:

«Mit ihr starb eine der letzten großen Diven unserer Zeit.»

Am 9. Juli nahm Schweden Abschied von Zarah Leander. Nach ihrem letzten Wunsch sang ihre Freundin Birgit Nilsson Beethovens ‹*Die Himmel rühmen des Ewigen Ehre*› und ‹*An die Musik*› von Franz Schubert.

«Ein wolkenloser Sommerhimmel wölbte sich über der Stockholmer Oscars-Kirche, in der Freunde und Besucher Abschied nahmen von Zarah Leander. Weiße Rosen deckten ihren weißen Sarg.

Das Gotteshaus war überfüllt – normalerweise faßt es 1200 Personen. Doch viel mehr Menschen wollten dem großen Star eine letzte Ehrung erweisen. Schon tags zuvor stapelten sich Kränze und Buketts in der Kirche, bereits eine Stunde vor dem Trauergottesdienst waren die Bänke in der kühlen Kirche eng besetzt.

Hunderte aber blieben zunächst draußen in der stechenden Sonne stehen und verfolgten die An- und Abfahrt der Freunde aus dem Film- und Showbusiness, dem Zarah Leander bis zur äußersten Belastungsgrenze ihres zuletzt so zerbrechlichen Körpers angehört hatte.»[56]

Ein halbes Jahr nach ihrem Tod wurde ihre «allerletzte Vorstellung» in Szene gesetzt. In Berlin fand eine Versteigerung aus dem Nachlaß von Zarah Leander statt. Bühnenkostüme, Schmuck, Requisiten, Möbel, Teppiche, Geschirr, alles kam unter den Hammer.

Um die zahlreichen Menschen, die sich eingefunden hatten, in die richtige Stimmung zu versetzen, führten Travestie-Künstler zu Tonbandmusik Roben des Stars vor. Am Ende johlten die Besucher vor Begeisterung, als Haarteile und Perücken angeboten wurden. Zum Abschluß parodierte ein Transvestit mit wegknickenden Füßen die Altersgebrechen von Zarah Leander. Genauso, wie ich sie nicht in Erinnerung behalten möchte. Die «allerletzte Vorstellung» hätte ich mir niveauvoller gewünscht. Aber im Grunde war es genau die knallige Bombenstimmung, die ihre Auftritte der letzten Jahre begleitete.

Jetzt, nachdem ich auch dies überstanden habe, wende ich mich wieder der unsterblichen Zarah zu: vor meinen Augen sehe ich sie, das Haupt majestätisch erhoben und stolze Trauer im umflorten Blick, höre das dunkle, aufgerauhte Timbre ihrer voluminösen Orgelstimme, der es möglich war, wie ein Kritiker schrieb, Trivialkunst zu adeln.

122 Abschiedstournee, 1973

123 Funkausstellung mit Ingeborg Hallstein. Berlin 1975

124 1975

125 1976

126. Interview mit Marie-Louise.
Berliner Funkausstellung, 22. September 1977

127 Mit Arne Hülphers. Berlin 1978

128 *20 Jahre Chez Nous,* Theater des Westens, Berlin 1978

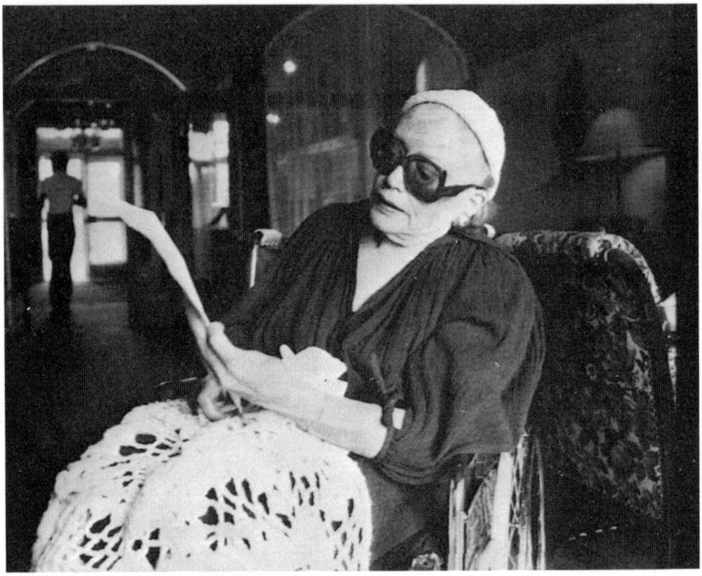

129 Saltsjöbaden-Hospital. Stockholm 1979

130 Stockholm 1979

131 Die Mauer. Berlin 1982

JÄGERWINKEL
BAD WIESSEE

Paulchen,

Bravo!
Das hast Du fein gemacht.
Vielen Dank!

Deine
Zarah Leander.

Filmographie

Titel: ‹*Dantes mysterier*› [Dantes Mysterien]
Produktion: Svensk filmindustri
Regie: Paul Merzbach
Drehbuch: Paul Merzbach
Darsteller: Zarah Leander, Eric Abrahamson, Elisabeth Frisk, Gustaf Löväs
Herstellungsjahr: 1930

Titel: ‹*Falska millionären*› [Der falsche Millionär]
Produktion: Minerva-Haik
Regie: Paul Merzbach
Drehbuch: Oscar Rydquist, Paul Merzbach
Lieder: «Ögon som ljuga och le» [Augen, die lügen und lächeln]
Darsteller: Zarah Leander, Sture Lagerwall, Håkan Westergren, Fridolf Rhudin
Herstellungsjahr: 1931

Titel: ‹*Äktenskapsleken*› [Skandal]
Produktion: Svenska ab M-film
Regie: Ragnar Hyltén-Cavallius
Kamera: Ake Dahlquist
Drehbuch: Karl Gerhard
Musik: Jules Sylvain
Texte: Josef Richter
Lieder: «Liebe ist ein Glück», «Sag' kein Wort mehr»
Darsteller: Zarah Leander, Einar Axelsson, Karl Gerhard, Elsa Carlsson
Herstellungsjahr: 1935

Titel: ‹*Premiere*›
Produktion: Gloria-Syndikat-Film, Wien
Regie: Geza von Bolvary
Kamera: Franz Planer
Drehbuch: Dr. Max Wallner, F. D. Andam
Musik: Dénes von Buday, Peter von Fenyes
Texte: Hanns Schachner
Lieder: «Merci, mon ami, es war wunderschön ...!», «Ich hab' vielleicht noch nie geliebt ...!»
Darsteller: Zarah Leander, Karl Martell, Attila Hörbiger, Theo Lingen, Maria Bard
Herstellungsjahr: 1936
Uraufführung: 25. Februar 1937
Länge: 2102 m

Titel: ‹*Zu neuen Uferu*›
Produktion: Ufa
Regie: Detlef Sierck
Kamera: Franz Weihmayr
Drehbuch: Detlef Sierck, Kurt Heuser nach dem Roman von Lowitt H. Lorenz
Musik: Ralph Benatzky
Texte: Ralph Benatzky
Lieder: «Yes, Sir!», «Ich steh' im Regen», «Tiefe Sehnsucht»
Darsteller: Zarah Leander, Willy Birgel, Viktor Staal, Erich Ziegel, Hilde von Stolz, Carola Höhn, Jakob Tiedtke, Lina Lossen, Mady Rahl, Lina Carstens
Herstellungsjahr: 1937
Uraufführung: 31. August 1937
Länge: 2879 m

Titel: ‹*La Habanera*›
Produktion: Ufa
Regie: Detlef Sierck
Kamera: Franz Weihmayr
Drehbuch: Gerhard Menzel
Musik: Lothar Brühne
Texte: Franz Baumann, Bruno Balz, Detlef Sierck
Lieder: «Der Wind hat mir ein Lied erzählt», «Du kannst es nicht wissen», «Kinderlied»
Darsteller: Zarah Leander, Julia Serda, Ferdinand Marian, Karl Martell, Paul Bildt, Michael Schulz-Dornburg, Lisa Hellwig
Herstellungsjahr: 1937
Uraufführung: 18. Dezember 1937
Länge: 2692 m

Titel: ‹Heimat›
Produktion: Ufa
Regie: Carl Froelich
Kamera: Franz Weihmayr
Drehbuch: Harald Braun nach dem gleichnamigen Schauspiel von Hermann Sudermann
Musik: Theo Mackeben
Lieder: «Ach, ich habe sie verloren» aus «Orpheus und Eurydike» von Gluck, «Eine Frau wird erst schön durch die Liebe» (Text: Michael Gesell), «Drei Sterne sah ich scheinen» (Text: Hans Brennert)
Darsteller: Zarah Leander, Heinrich George, Ruth Hellberg, Lina Carstens, Paul Hörbiger, Franz Schafheitlin, Georg Alexander, Leo Slezak, Hans Nielsen
Herstellungsjahr: 1938
Uraufführung: 25. Juni 1938
Länge: 2780 m

Titel: ‹Der Blaufuchs›
Produktion: Ufa
Regie: Viktor Tourjansky
Kamera: Franz Weihmayr
Drehbuch: K. G. Külb nach einem Stück von Ferencz Herczeg
Musik: Lothar Brühne
Texte: Bruno Balz
Lieder: «Kann denn Liebe Sünde sein», «Von der Puszta will ich träumen»
Darsteller: Zarah Leander, Willy Birgel, Paul Hörbiger, Jane Tilden, Karl Schönböck, Rudolf Platte
Herstellungsjahr: 1938
Uraufführung: 14. Dezember 1938
Länge: 2765 m

Titel: ‹Es war eine rauschende Ballnacht›
Produktion: Ufa
Regie: Carl Froelich
Kamera: Franz Weihmayr
Drehbuch: Geza von Cziffra, Dialoge: Frank Thieß
Musik: Theo Mackeben und Peter Tschaikowsky
Texte: Hans Fritz Beckmann
Lieder: «Nur nicht aus Liebe weinen», «Romanze» von Tschaikowsky
Darsteller: Zarah Leander, Hans Stüwe, Marika Rökk, Aribert Wäscher, Leo Slezak, Fritz Rasp, Paul Dahlke, Kurt Haubenreißer
Herstellungsjahr: 1939
Uraufführung: 15. August 1939
Länge: 2579 m

Titel: ‹Das Lied der Wüste›
Produktion: Ufa
Regie: Paul Martin
Kamera: Franz Weihmayr
Drehbuch: Walther von Hollander, Paul Martin
Musik: Nico Dostal
Texte: Bruno Balz
Lieder: «Heut' abend lad' ich mir die Liebe ein», «Fatme, erzähl' mir ein Märchen», «Sagt dir eine schöne Frau ‹vielleicht›», «Ein paar Tränen werd' ich weinen um dich»
Darsteller: Zarah Leander, Hans Stüwe, Gustav Knuth, Friedrich Domin, Herbert Wilk, Franz Schafheitlin
Herstellungsjahr: 1939
Uraufführung: 17. November 1939
Länge: 2374 m

Titel: ‹Das Herz der Königin›
Produktion: Ufa
Regie: Carl Froelich
Kamera: Franz Weihmayr
Drehbuch: Harald Braun, Jacob Geis, Rolf Reißmann
Musik: Theo Mackeben
Texte: Harald Braun
Lieder: «Ein schwarzer Stein, ein weißer Stein», «Wo ist dein Herz», «Schlummerlied»
Darsteller: Zarah Leander, Willy Birgel, Maria Koppenhöfer, Lotte Koch, Axel von Ambesser, Will Quadflieg, Margot Hielscher, Ernst Stahl-Nachbaur, Herbert Hübner, Hubert von Meyerinck, Erich Ponto, Ursula Herking, Eduard von Winterstein
Herstellungsjahr: 1940

Uraufführung: 1. November 1940
Länge: 3056 m

Titel: *‹Der Weg ins Freie›*
Produktion: Ufa
Regie: Rolf Hansen
Kamera: Franz Weihmayr
Drehbuch: Harald Braun, Jacob Geis, Rolf Hansen
Musik: Theo Mackeben
Texte: Harald Braun, Hans Fritz Beckmann
Lieder: «Ich will nicht vergessen», «Ich sag' nicht Ja, ich sag' nicht Nein», «Der Stern hat uns gefunden» und «Leuchtend ist der Tag gegangen» (Rossini: «Semiramis») sowie Verdi: «Rigoletto», 3. Akt
Darsteller: Zarah Leander, Hans Stüwe, Agnes Windeck, Siegfried Breuer, Hedwig Wangel, Albert Florath, Herbert Hübner, Ralph Lothar, Karl John, Walter Ludwig, Walther Süßenguth, Victor Janson, Kurt Meisel, Hilde von Stolz, Oscar Sabo, Jakob Tiedtke
Herstellungsjahr: 1941
Uraufführung: 7. Mai 1941
Länge: 3090 m

Titel: *‹Die große Liebe›*
Produktion: Ufa
Regie: Rolf Hansen
Kamera: Franz Weihmayr
Drehbuch: Peter Groll, Rolf Hansen
Musik: Michael Jary
Texte: Bruno Balz
Lieder: «Ich weiß, es wird einmal ein Wunder geschehn», «Mein Leben für die Liebe», «Davon geht die Welt nicht unter», «Heut' kommen die blauen Husaren»
Darsteller: Zarah Leander, Viktor Staal, Paul Hörbiger, Grethe Weiser, Wolfgang Preiß, Hans Schwarz jun.
Herstellungsjahr: 1941/42
Uraufführung: 12. Juni 1942
Länge: 2738 m

Titel: *‹Damals›*
Produktion: Ufa
Regie: Rolf Hansen
Kamera: Franz Weihmayr
Drehbuch: Peter Groll, Rolf Hansen nach einer Idee von Bert Roth
Musik: Lothar Brühne, Ralph Benatzky
Texte: Bruno Balz, Ralph Benatzky
Lieder: «Jede Nacht ein neues Glück», «Einen wie dich könnt' ich lieben», «Bitte an die Nacht»
Darsteller: Zarah Leander, Hans Stüwe, Rossano Brazzi, Karl Martell, Hilde Körber, Otto Graf, Jutta von Alpen
Herstellungsjahr: 1942
Uraufführung: 3. März 1943
Länge: 2578 m

Titel: *‹Gabriela›*
Produktion: Real-Film, Hamburg/Allianz-Film
Regie: Geza von Cziffra
Kamera: Willi Winterstein
Drehbuch: Geza von Cziffra
Musik: Michael Jary
Texte: Kurt Schwabach
Lieder: «Es gibt keine Frau, die nicht lügt», «Wann wirst du mich fragen?», «Wenn der Herrgott will»
Darsteller: Zarah Leander, Siegfried Breuer, Carl Raddatz, Grethe Weiser, Käthe Haack, Gunnar Möller, Vera Molnar
Herstellungsjahr: 1950
Uraufführung: 6. April 1950
Länge: 2608 m

Titel: *‹Cuba Cabana›*
Produktion: Rhombus-Herzog-Film
Regie: Fritz Peter Buch
Kamera: Richard Angst
Drehbuch: Fritz Peter Buch
Musik: Heino Gaze
Texte: Bruno Balz
Lieder: «Eine Frau in meinen Jahren», «Sag mir nie wieder ‹je t'aime›», «Schatten der Vergangenheit», «Und wenn's auch Sünde wär'», «Du machst mich so nervös»

Darsteller: Zarah Leander, O. W. Fischer, Paul Hartmann, Hans Richter
Herstellungsjahr: 1952
Uraufführung: 19. Dezember 1952
Länge: 2563 m

Titel: ‹Ave Maria›
Produktion: Diana-Gloria-Film
Regie: Alfred Braun
Kamera: Werner Krien
Drehbuch: Wolf Neumeister, Hans Wendel
Musik: Franz Grothe
Texte: Bruno Balz
Lieder: «Ich kenn' den Jimmy aus Havanna», «Wenn die wilden Rosen blühn», «Wart' nicht auf die große Liebe», «Ave Maria» von Bach / Gounod
Darsteller: Zarah Leander, Hans Stüwe, Marianne Hold, Hilde Körber, Berta Drews, Hans Henn, Ingrid Pan, Josef Sieber, Carl Wery
Herstellungsjahr: 1953
Uraufführung: 8. September 1953
Länge: 2556 m

Titel: ‹Bei Dir war es immer so schön›
Produktion: Allianz-Film
Regie: Hans Wolff
Kamera: Hans Schneeberger
Drehbuch: Paul H. Rameau
Musik: Theo Mackeben
Texte: Hans Fritz Beckmann
Lieder: «Eine Frau wird erst schön durch die Liebe», «Nur nicht aus Liebe weinen», «Drei Sterne sah ich scheinen», «Bei Dir war es immer so schön»
Darsteller: Zarah Leander, Willi Forst, Heinz Drache, Margot Hielscher, Sonja Ziemann, Grethe Weiser, Kirsten Heiberg
Herstellungsjahr: 1954
Uraufführung: 16. März 1954
Länge: 2997 m

Titel: ‹Der blaue Nachtfalter›
Produktion: Berolina-Film, Kurt Schultz, Union-Film
Regie: Wolfgang Schleif
Kamera: Willi Winterstein
Drehbuch: Erich Ebermayer
Musik: Lotar Olias
Texte: Kurt Schwabach, Max Colpet
Lieder: «Pardon, meine Damen – Pardon, meine Herren», «Ein Leben ohne Liebe», «Seit ich dich sah»
Darsteller: Zarah Leander, Christian Wolff, Marina Petrowa, Paul Hartmann, Werner Hinz, Loni Heuser, Hans Richter, Lotte Brackebusch
Herstellungsjahr: 1959
Uraufführung: 27. August 1959
Länge: 2497 m

Titel: ‹Das gewisse Etwas der Frauen›
Produktion: Gottfried Wegeleben
Regie: Luciano Salce
Kamera: Enrico Menczer
Drehbuch: Willibald Eser
Musik: Ennio Morricone
Lieder: Zarah Leander sang das Lied von Theo Mackeben: «Eine Frau wird erst schön durch die Liebe» (Text: Michael Gesell)
Darsteller: Zarah Leander, Michèle Mercier, Nadja Tiller, Anita Ekberg, Romina Power, Robert Hoffmann, Elsa Martinelli
Herstellungsjahr: 1966
Uraufführung: 23. November 1966
Länge: 2798 m

Bühnenrollen

Ab 1. September 1931
Ort: Großer Saal des Konzerthauses, Stockholm
Titel: ‹Den glada änkan› (Die lustige Witwe)
Operette von Franz Lehár
Libretto: Viktor León und Leo Stein
Regie: Per Lindberg
Darsteller: Zarah Leander (Hanna Glawari), Gösta Ekman (Graf Danilo)
Gastspiel Mai 1932 in Dänemark

Ab 8. September 1933
Ort: Stora teatern, Göteborg
Titel: ‹En kvinna som vet vad hon vill› (Eine Frau, die weiß, was sie will)
Lustspiel-Operette von Oscar Straus
Regie: Karl Kinch
Darsteller: Zarah Leander (Manon Cavallini)
Lieder: «Ich bin eine Frau, die weiß, was sie will», «Jede Frau hat eine heimliche Sehnsucht», «Warum soll eine Frau kein Verhältnis haben?»
Gastspiele 1934 in Helsinki, Stockholm und Oslo

Ab 16. März 1934
Ort: Folkan teatern, Göteborg
Titel: ‹Kokottskolan› (Die Schule der Kokotten)
Boulevard-Komödie in drei Akten von Paul Arlont-Gerbidon
Regie: Karl Gerhard
Darsteller: Zarah Leander (Ginette), Karl Gerhard (Graf Stanislaus de la Ferronière), Emy Hagman, Gustaf Wally, Ernst Brunman
Gastspiel Mai/Juni 1934 im Folkteatern, Stockholm

Ab 1. September 1936 (Welturaufführung)
Ort: Theater an der Wien, Wien
Titel: ‹Axel an der Himmelstür')
Musikalisches Lustspiel von Ralph Benatzky
Textbuch: Paul Morgan und Adolf Schütz mit Beiträgen von Max Hansen und Liedtexten von Hans Weigel
Regie: Arthur Hellmer
Darsteller: Zarah Leander (Gloria Mills), Max Hansen (Axel), Paul Morgan, Otto Wallburg, Heidemarie Hatheyer
Lieder: «Kinostar», «Gebundene Hände», «Eine Frau von heut'»

Ab 5. September 1958 (Welturaufführung)
Ort: Raimund-Theater, Wien
Titel: ‹Madame Scandaleuse›
Musical von Ernst Nebhut und Peter Kreuder
Regie: Alfred Walter
Darsteller: Zarah Leander (Hélène), Ruth Gerhardt, Rudi Walter, Hans Unterkircher, Margit Symo
Lieder: «Man muß den Männern was bieten», «Man muß für alles bezahlen», «Daran zerbricht man doch nicht», «Frauen sind schwer zu durchschauen», «Die alte Liebe»
Gastspiele 1959 in München, Berlin und Hamburg

Ab 21. Oktober 1960
Ort: Raimund-Theater, Wien
Titel: ‹Eine Frau, die weiß, was sie will›
Lustspiel-Operette von Oscar Straus
Regie: Karl Farkas
Darsteller: Zarah Leander (Manon Cavallini)
Gastspiel ab 26.12.1961 am Storateatern, Göteborg

Ab 22. Oktober 1964 (Welturaufführung)
Ort: Raimund-Theater, Wien
Titel: ‹Lady aus Paris›
Musical von Karl Farkas und Peter Kreuder (nach Motiven von Oscar Wildes Komödie ‹Lady Windermeres Fächer›)

Regie: Karl Farkas
Darsteller: Zarah Leander (Mrs. Erlynne), Paul Hörbiger (Lord Augustus Lorton), Friedl Czepa, Ursula van der Wielen, Hans Henn
Lieder: «Ich bin eine Frau mit Vergangenheit», «Mich hat die Welt kaltgestellt», «Die Liebe geht seltsame Wege», «Sehnsucht nach dem Frühling»
Gastspiel März / April 1965 im Theater des Westens, Berlin

Ab 14. November 1968 (Welturaufführung)
Ort: Operettenhaus, Hamburg
Titel: ‹Wodka für die Königin!›
Musical von Peter Thomas, Ika Schafheitlin, Helmuth Gauerl
Regie: Werner Saladin
Darsteller: Zarah Leander (Aureliana, Königin von Bessadanien)
Lieder: «Wodka für die Königin», «Das ist die große Zeit», «Wenn am Schwarzen Meer», «Dante»
Gastspiel 4. September bis 10. November 1969 am Raimund-Theater, Wien

Ab 14. Februar 1975
Ort: Theater an der Wien, Wien
Titel: ›Das Lächeln einer Sommernacht›
Musical von Stephan Sondheim und Hugh Wheeler (nach dem gleichnamigen Film von Ingmar Bergman)
Regie: George Martin (in der Originalinszenierung von Harold Prince)
Darsteller: Zarah Leander (Madame Arnfeldt), Susanne Almassy, Dagmar Koller, Naemi Priegel, Marianne Becker, Peter Haener
Lieder: Zarah Leander sang: «Liaisons», «Ein Leben voller Glanz»
Spielte diese Rolle ab September 1978 am Folkanteatern, Stockholm

Anmerkungen

1 Rosa von Praunheim: *‹Die Baßamsel singt nicht mehr›*. In: *Der Spiegel* 27/1981
2 Günther Rühle: *‹Die ganz große Geliebte›*. In: *Frankfurter Allgemeine Zeitung* vom 24. Juni 1981
3 Zarah Leander: *‹Es war so wunderbar! Mein Leben›*. Hamburg 1973 (Hoffmann und Campe). S. 62
4 Ebd.
5 Ebd., S. 260
6 Ebd.
7 Ebd., S. 265
8 Paul Baumgarten: *‹Zarah Leander›*. In: *Der Stern* 12/1938
9 Leander, a. a. O.
10 Ebd., S. 266
11 *‹Kinostar!›*. Text: Hans Weigel; Musik: Ralph Benatzky
12 Carla Rhode: *‹Leuchtende Sterne?›* In: Helga Belach (Hg.), *‹Wir tanzen um die Welt›*. München 1979 (Carl Hanser). S. 135
13 Ebd., S. 134
14 Reimar Hollmann: *‹Lieder, die Zarah singt …›*. In: *Lübecker Morgen* vom 7. September 1960
15 Eckhart Schmidt im ZDF-Filmforum: Douglas Sirk – Über Stars. ZDF 1980
16 Rühle, a. a. O.
17 Helma Sanders-Brahms: *‹Zarah›*. In: *‹Jahrbuch Film 81/82›*. München 1981 (Carl Hanser). S. 169
18 Francis Courtade und Pierre Cadars: *‹Geschichte des Films im Dritten Reich›*. München 1975 (Carl Hanser). S. 169
19 Klaus Geitel: *‹Zarah Leander – eine Königin, die nie abgedankt hat›*. In: *Berliner Morgenpost* vom 24. Juni 1981
20 Karsten Witte: *‹Revue als montierte Handlung›*. In: Belach, *‹Wir tanzen um die Welt›*, a. a. O., S. 227
21 Rühle, a. a. O.
22 Ebd.
23 Sebastian Feldmann: *‹Die Stimme der Ufa›*. In: *Rheinische Post* vom 24. Juni 1981
24 Sanders-Brahms, a. a. O., S. 165
25 Rainer Höynck: *‹Großes Come-back von Zarah Leander›*. In: *Radio-Revue* 28/1959
26 Rühle, a. a. O.
27 H. W. Backer: *‹«Zarah Diva» auf dem Bildschirm›*. In: *Deister- und Weserzeitung* vom 20. Oktober 1962
28 In: *Der Stern*, Juli 1955
29 Elvira Reitze: *'(Madame ist nicht fürs Skandalöse›*. In: *Der Abend* vom 27. Oktober 1959
30 Rolf Flügel: *‹Zarah Leander: Madame Scandaleuse›*. In: *Münchner Merkur* vom 27. Januar 1959
31 Tonbandinterview mit Paul Seiler, Februar 1958

32 ‹*Madame Scandaleuse kam, sah und siegte*›. In: *Esslinger Zeitung* vom 29. Januar 1960
33 ‹*Der Clou von Onkel Lou hieß Tante Zarah*›. In: *Westfalenpost* vom 12. September 1963
34 ‹*Ein Publikum, das weiß, was es will*›. In: *Arbeiterzeitung* (Wien) vom 23. Oktober 1960
35 Herbert Schneiber: ‹*Zurück in die Heimat, zu alten Ufern*›. In: *Neuer Kurier* (Wien) vom 25. Oktober 1960
36 Hilde Spiel: ‹*Frau mit Vergangenheit*›. In: *Frankfurter Allgemeine Zeitung* vom 7. November 1964
37 Peter Kreuder: ‹*Nur Puppen haben keine Tränen*›. Bergisch-Gladbach 1973 (Bastei / Lübbe). S. 257
38 Leander, a. a. O., S. 140
39 Klaus Esser: ‹*Ich bin ein altes Zirkuspferd*›. In: *Hörzu* 45 / 1973
40 Ebd.
41 Karena Niehoff: ‹*Wucht und Weh*›. In: *Der Tagesspiegel* vom 4. Oktober 1973
42 Günther Rühle: ‹*Der Abschied von Berlin*›. In: *Frankfurter Allgemeine Zeitung* vom 15. November 1973
43 Zarah Leander während eines Gastspiels im Bernhard-Theater Zürich. Tonbandmitschnitt September 1977
44 Hans Meyer: ‹*Im Eheverhör: Zarah Leander*›. In: *Star Revue*, April 1961
45 In: *Die Zeit* 27 / 1981
46 Meyer, a. a. O.
47 Ebd.
48 Peter Meier in: *Tagesanzeiger* (Zürich) vom 24. Juni 1961
49 ‹*Ein ehrlicher Bericht von Zarah Leander über sich selbst*›. In: *Hörzu* 6 / 1976
50 Gudrun Gloth: ‹*Neun doppelte Wodka und einmal Zarah einfach*›. In: *Quick* 13 / 1976
51 Marie-Luise Scherer: ‹*Ihre Stärke war Hoheit*›. In: *Der Spiegel* 50 / 1981
52 Klaus Esser: ‹*Zarah Leander: Mein größter Wunsch bleibt unerfüllt*›. In: *Hörzu* 44 / 1978
53 In: *Der Tagesspiegel* vom 26. März 1975
54 In: *Hamburger Abendblatt* vom 24. Juni 1981
55 ‹*Zarah Leander gestorben*›. In: *Der Tagesspiegel* vom 24. Juni 1981
56 ‹*Weiße Rosen auf dem Sarg des Stars*›. In: *BZ* vom 10. Juli 1981

Bildnachweis

Sammlung Max Kohlhaas, Bonn: Nr. 1, 4, 5, 6, 7, 8, 14, 18, 20, 21, 28, 30, 32, 33, 44, 47, 52, 56, 57, 58, 63, 64, 66, 67, 68, 77, 78, 92, 93, 108, 109, 110, 114, 117, 119, 120, 122, 123, 125
Ullstein Bilderdienst, Berlin: Nr. 2, 3, 11, 12, 17, 23, 25, 26, 27, 43, 48, 50, 60, 61, 75, 76, 90 (Kindermann), 91 (Köster), 94 (Köster), 96 (Thiele), 97 (Köster), 98 (Köster), 99 (Köster), 101 (Croner), 112 (Enger), 113 (Enger), 115 (Köster), 118 (Enger), 121 (Enger), 127 (Will), 129 (dpa)
Stiftung Deutsche Kinemathek, Berlin: Nr. 24, 38, 69, 72, 73, 80, 83, 84, 85, 86, 103, 105
Sammlung Heinz Rieckehr, Berlin: Titelbild, Nr. 9, 16, 22, 29, 34, 37, 39, 41, 42, 53, 54, 55, 59, 62, 74
Schirnerbild, Berlin / Düsseldorf: Nr. 87, 88, 95, 100
Hipp-Foto, Berlin: Nr. 46, 111, 116, 126
Erika Rabau, Berlin: Nr. 128
Reinhard Koch (Oh Movie!), Berlin: Nr. 71
Sammlung Christa Behrens, Berlin: Nr. 124
Jochen Schaper, Flensburg: Nr. 131
Sammlung Paul Seiler, Berlin: Privatfotos (Elli Zausch), Nr. 10, 13, 15, 19, 31, 35, 36, 40, 45, 49, 51, 65, 70, 79, 81, 82, 89, 102, 104, 106, 107, 130, Seite 6

Danksagung

Danken möchte ich allen Journalisten – und vor allem Günther Rühle – für die Erlaubnis, ihre Beiträge für mein Kultbuch zu verwenden; Hans-Peter Kochenrath vom ZDF, sowie Eckhart Schmidt für ihr Entgegenkommen, das Douglas-Sirk-Interview zu zitieren.

Für die Bereitstellung des Bildmaterials möchte ich den Sammlern Max Kohlhaas und Heinz Rieckehr sowie Peter Magdowski von der Stiftung Deutsche Kinemathek danken.

Mein besonderer Dank gilt Gerda Lehmann und Rainer Fetting, deren Mithilfe mein Kultbuch erst ermöglichte.

Elvis
King der verlorenen Herzen

Eine Biographie der ungewöhnlichen Art
von Barry Graves
31 ganzseitige schwarz-weiß Fotografien
Ausführliche Diskographie und Filmographie
Titelbild von Guy Peellaert
144 Seiten, DM 29,80
Format 16×24 cm
ISBN 3-88803-014-5

Elvis forever!

Ein Buch, das so subjektiv wie möglich und so faktengetreu wie nötig aufreißt, was Elvis für die Geschichte der Rockmusik bedeutete, was er auslöste, wie sich einer fühlt, wenn er an Elvis denkt.

Der Autor in der persönlichen Auseinandersetzung mit dem Helden seiner Jugend: da driftet die Beschreibung des Lebensweges ab in Phantasiebereiche.

Traum-Trips durch die Lebe-Welt des Kings, das Feuer & Schwefel-Portrait eines amerikanischen Jungen, der sich an der lodernden Verheißung des Traums verzehrte: vom Hilfsarbeiter zum Weltstar.

Elvis, der archetypische Held der amerikanischen Populärkultur – mit allen Kanten, Widersprüchen, in voller Entblößtheit seines exzessiven Showdaseins – und dennoch in der Größe des Talents und seiner schöpferischen Möglichkeiten.

Zarah Diva

Das Porträt eines Stars von Paul Seiler

ca. 120 ganzseitige Fotografien,
davon ca. 16 in Farbe
Ausführliche Diskographie, Filmographie und eine Übersicht der Bühnenrollen mit Inhaltsbeschreibung
ca. 144 Seiten, ca. DM 44,–
Gebunden in Leinen
Format ca. 20×30 cm
ISBN 3-88803-017-X

Nach dem großen Erfolg seines ersten Zarah-Leander-Buches «Wollt ihr einen Star sehen», das inzwischen von Christian Blackwood unter dem Titel «Bekenntnisse eines Fans» für das Fernsehen verfilmt wurde, stellt Paul Seiler nun das «Porträt eines Stars» vor.

Auf den Spuren der Karriere von Zarah Leander hat sich Paul Seiler über Anfangsjahre und Blütezeit seiner Diva mit Douglas Sirk, Bruno Balz, Michael Jary, Karl Schönböck, Hans Weigel und Rolf Hansen unterhalten.

Dieses vielschichtige Porträt, das Phänomen eines Stars in den dreißiger und vierziger Jahren, ergänzt Zarah Leander selbst, wenn sie (in Interviews) ihren Erfolg, die Lieder, die Filme und die Zeit, in der sie entstanden, aus ihrer Sicht schildert.

Die vielen seltenen, zum Teil farbigen Fotografien, die Kurzbiographie, die Inhaltsbeschreibung ihrer Filme und Bühnenstücke und nicht zuletzt die erste Diskographie machen dieses Buch zu einem unentbehrlichen Werk für jeden Zarah-Leander-Fan.

Sprich, Erinnerung, sprich

Therese Giese
«Ich habe nichts zum Sagen»
(1914)

Graham Greene
Fluchtwege (5285)

George Grosz
Ein kleines Ja und ein großes Nein
(1759)

John Howlett
James Dean (4405)

Eric Lax
Woody Allen. Wie ernst es ist, komisch zu sein (5038)

Zarah Leander
Ein Kultbuch von Paul Seiler (5497)

Melina Mercouri
Ich bin als Griechin geboren
(1729)

Henry Miller
Die Welt des D. H. Lawrence
(5140)

Axel Madsen
Jean-Paul Sartre und Simone de Beauvoir (4921)

Edit Piaf
Mein Leben (859)

Gaston Salvadore
Wolfgang Neuss (5155)

Irving Stone
Vincent van Gogh (1099)
Michelangelo (4031)